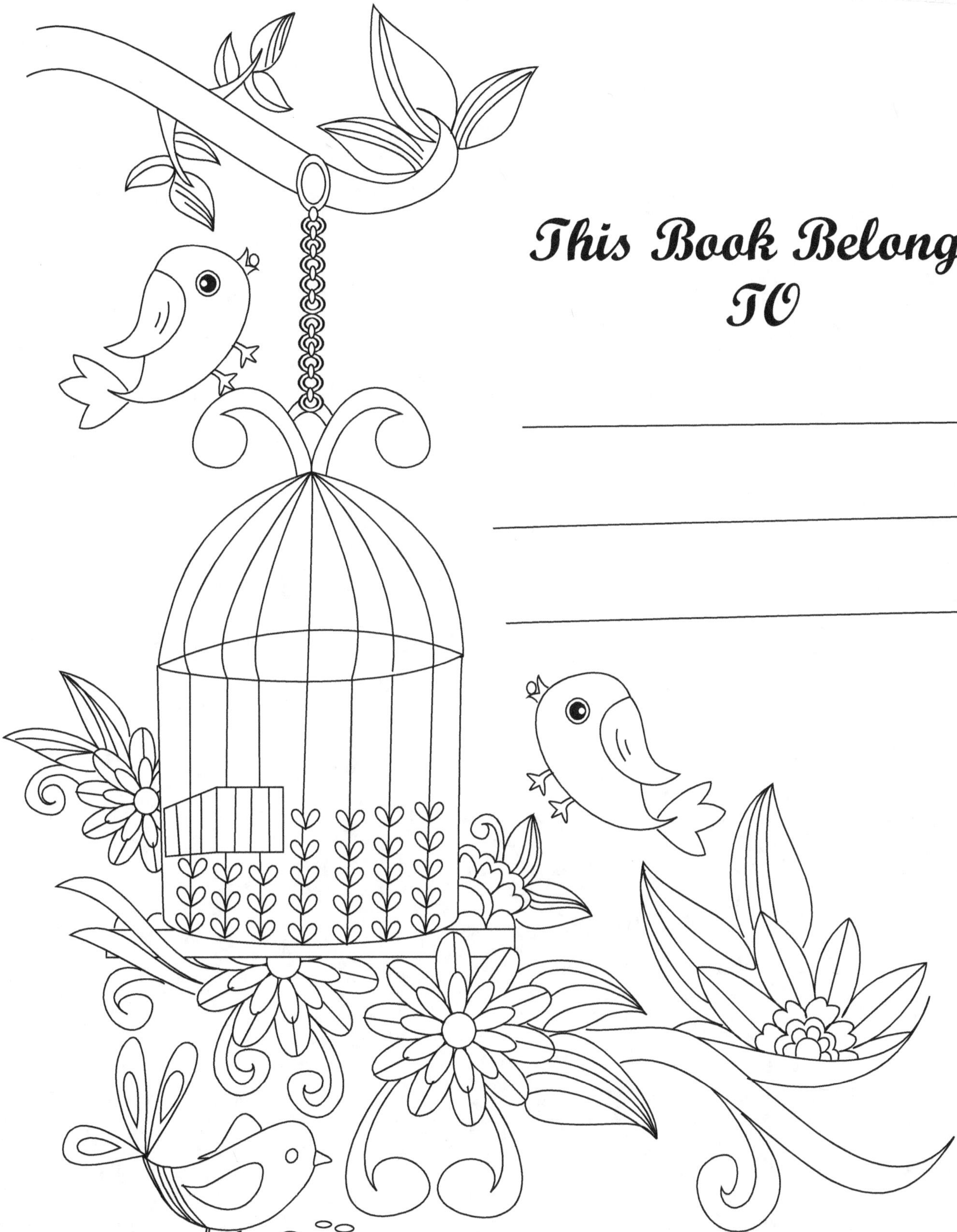

This Book Belongs TO

_____

_____

_____

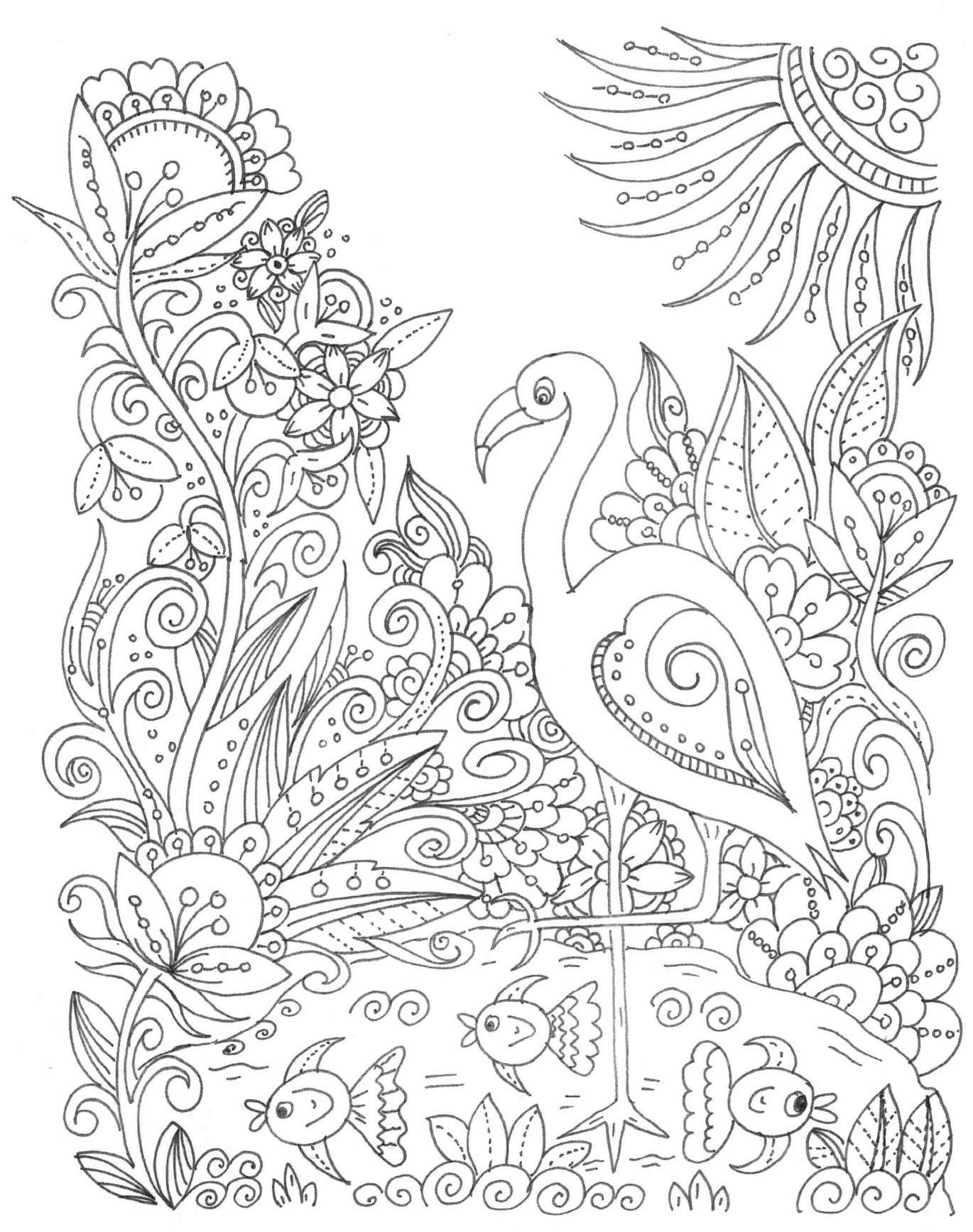

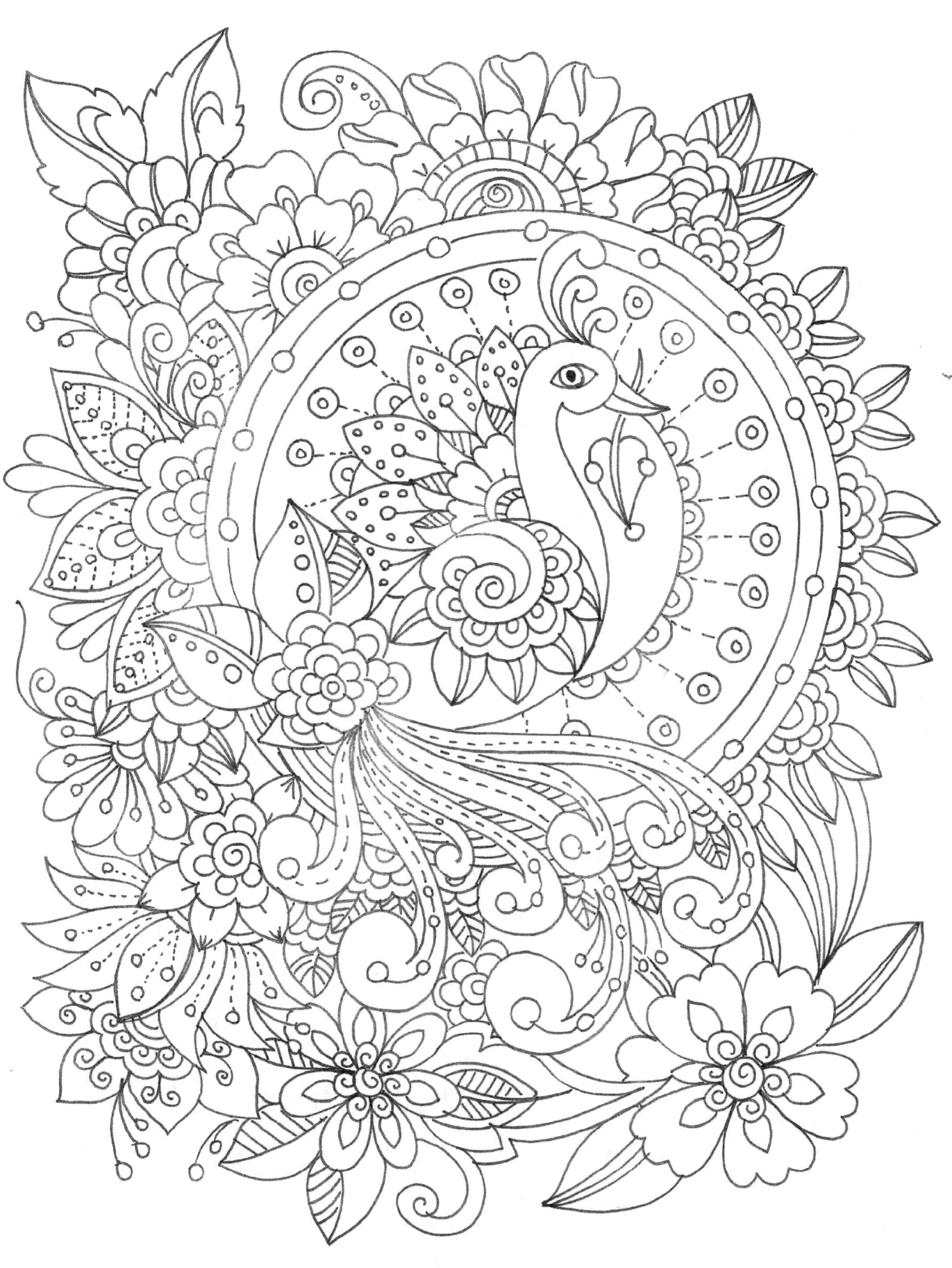

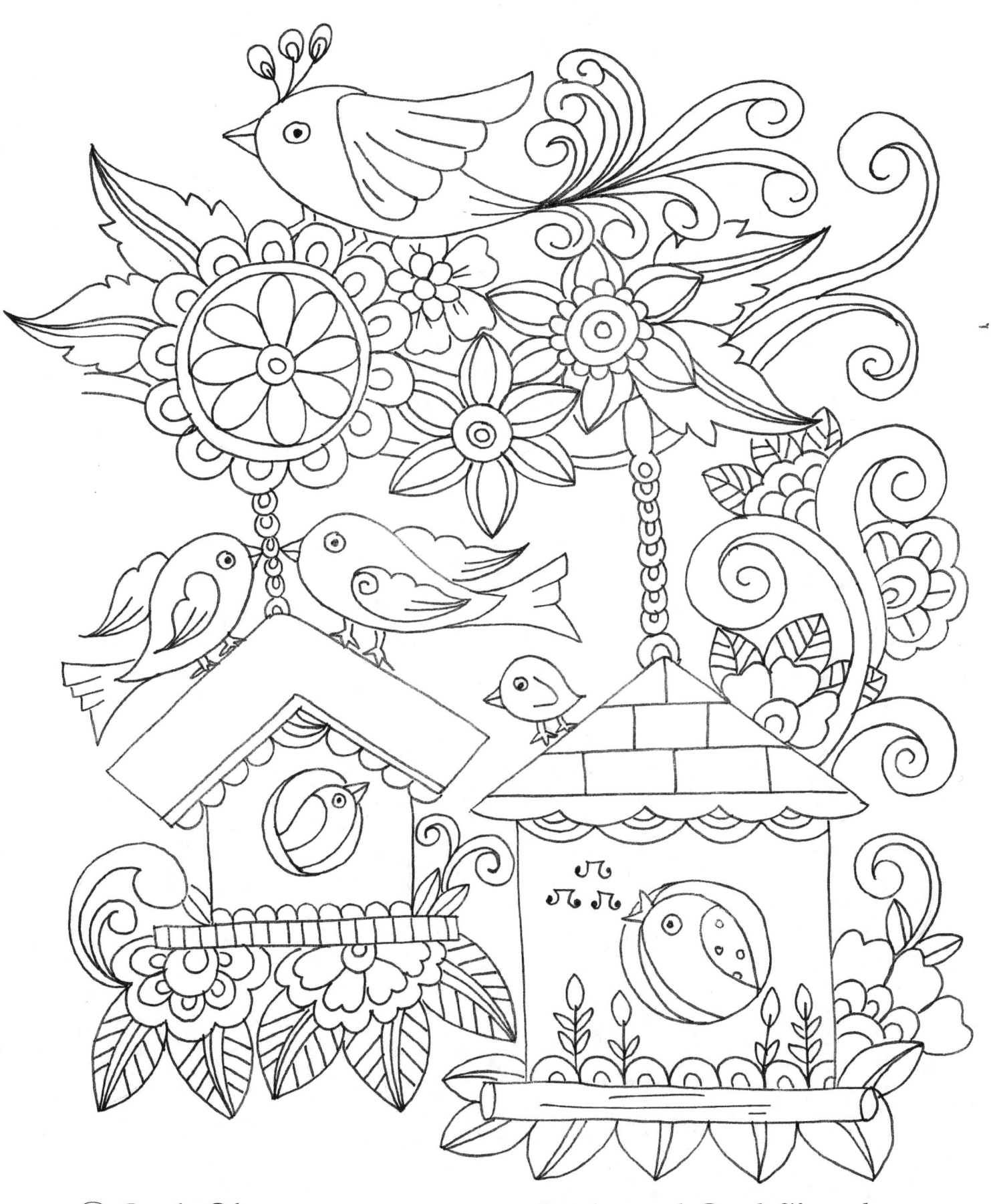

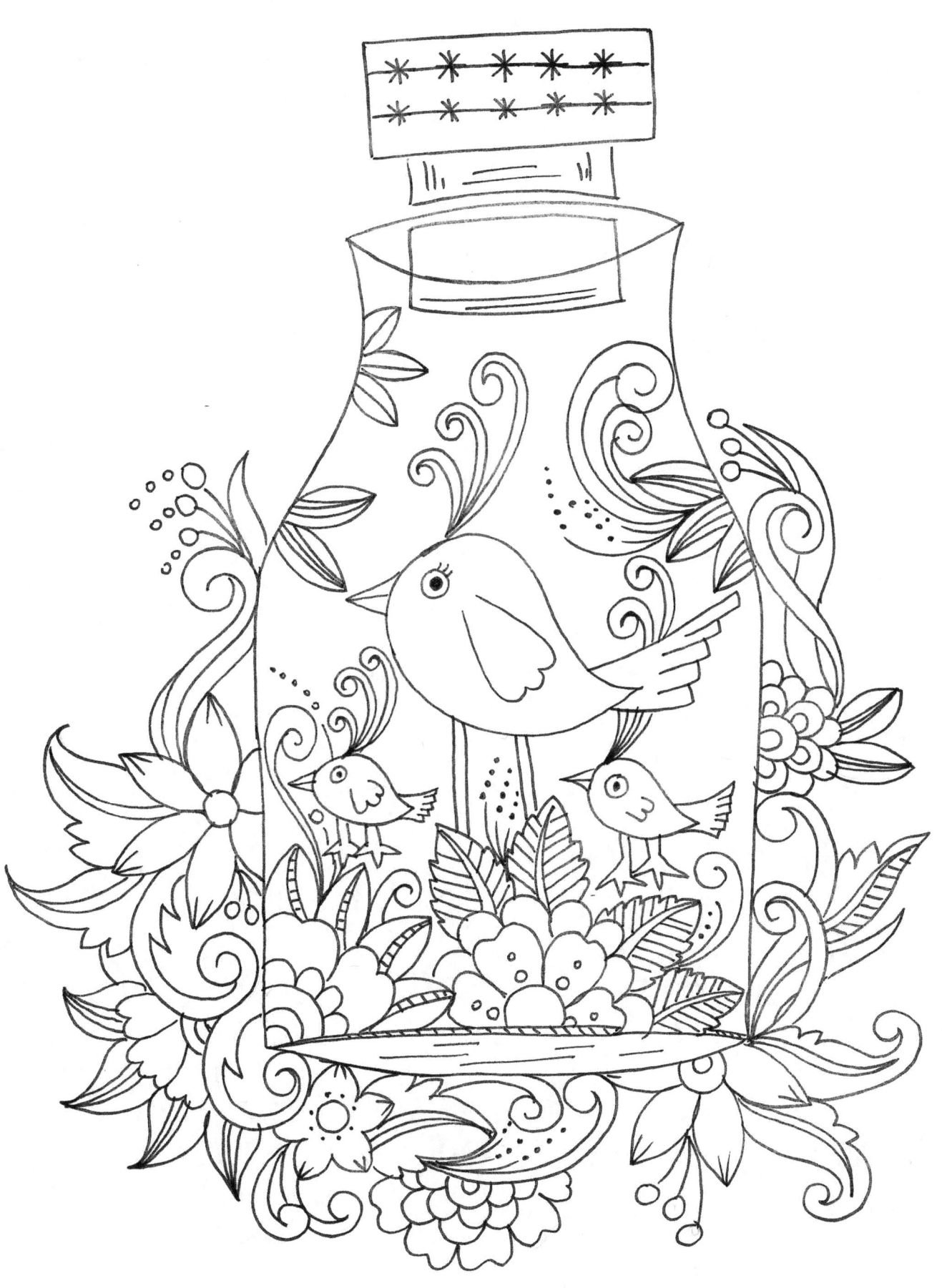

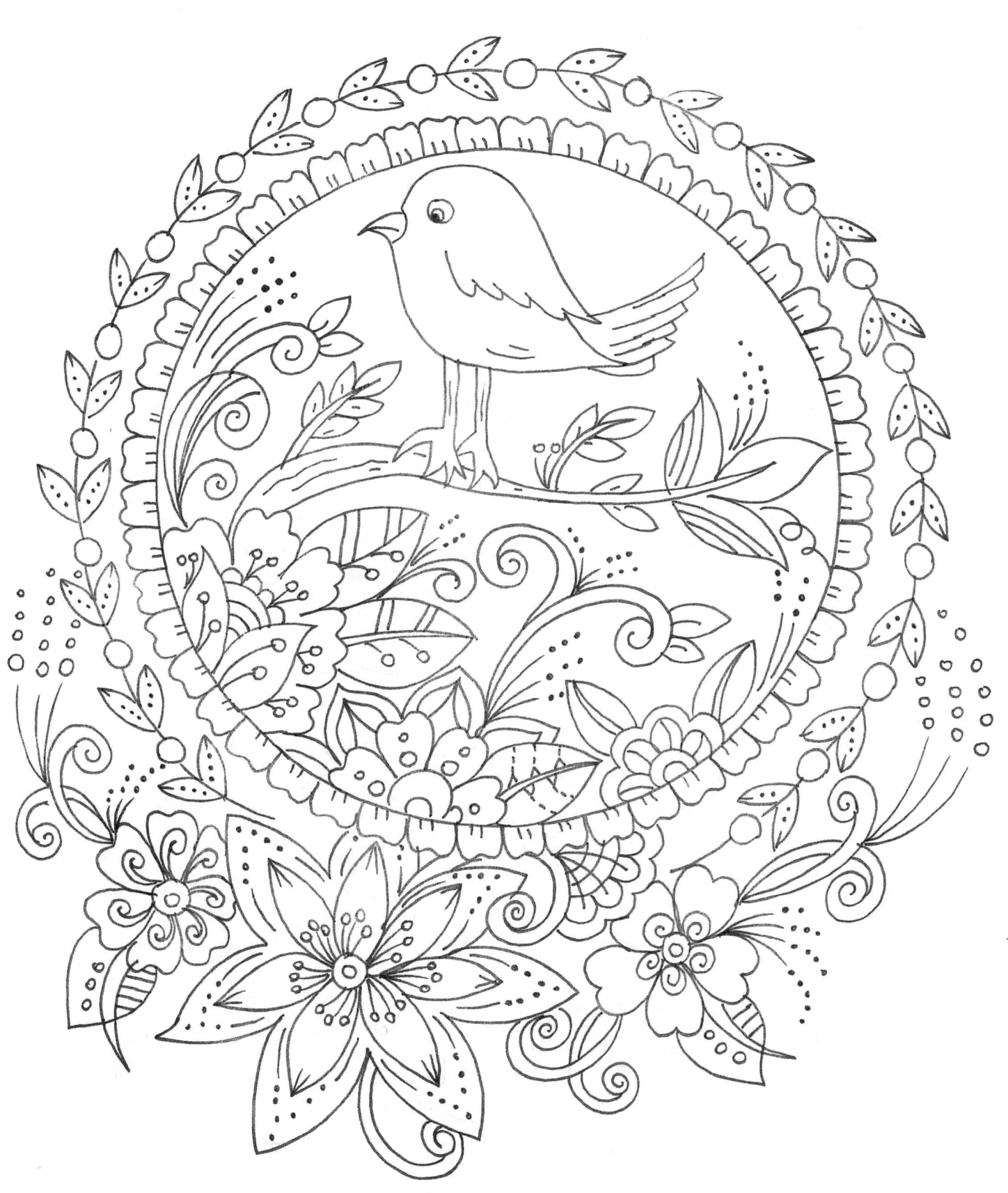

© Ruchi Bhargava   Enchanted Bird Kingdom

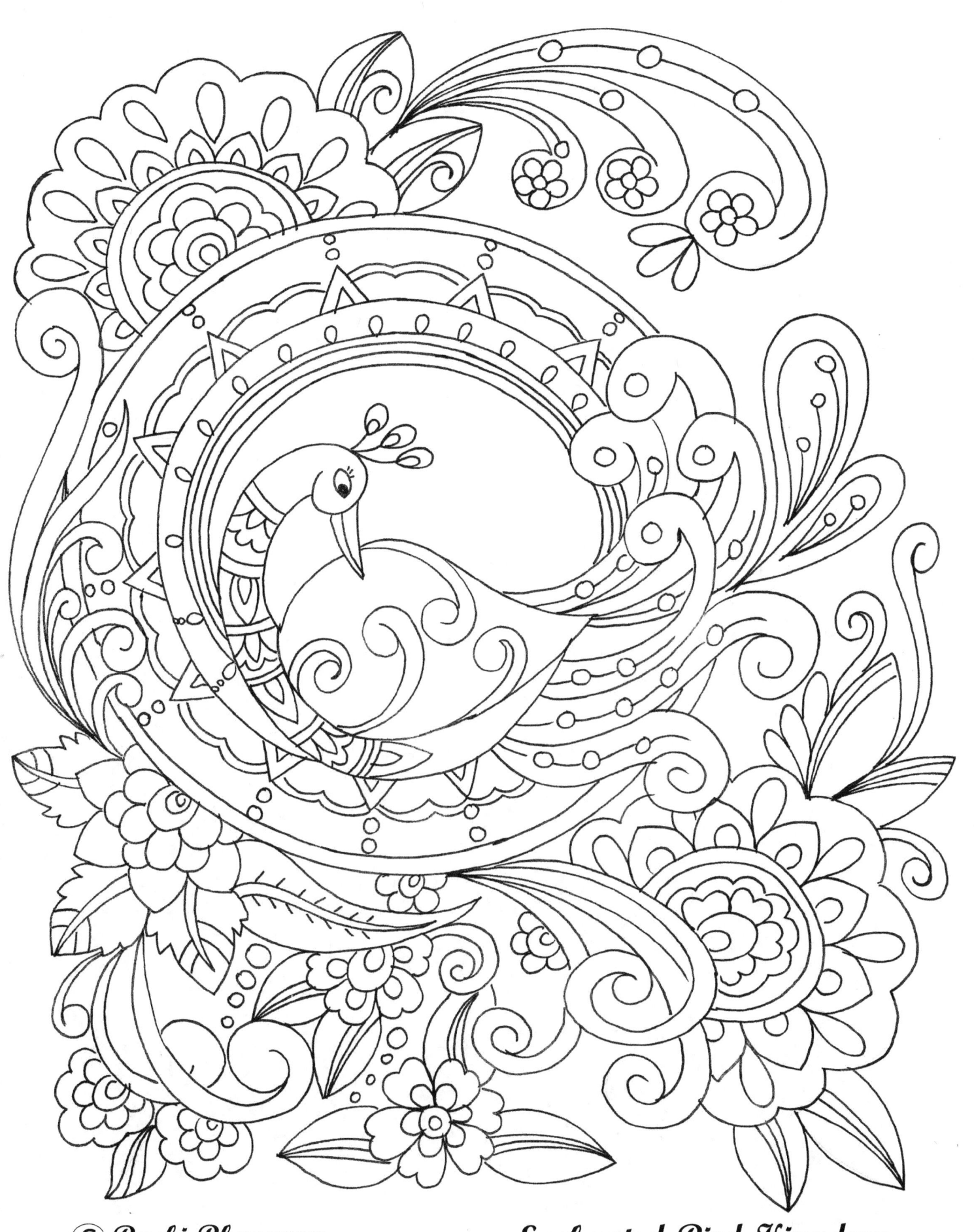

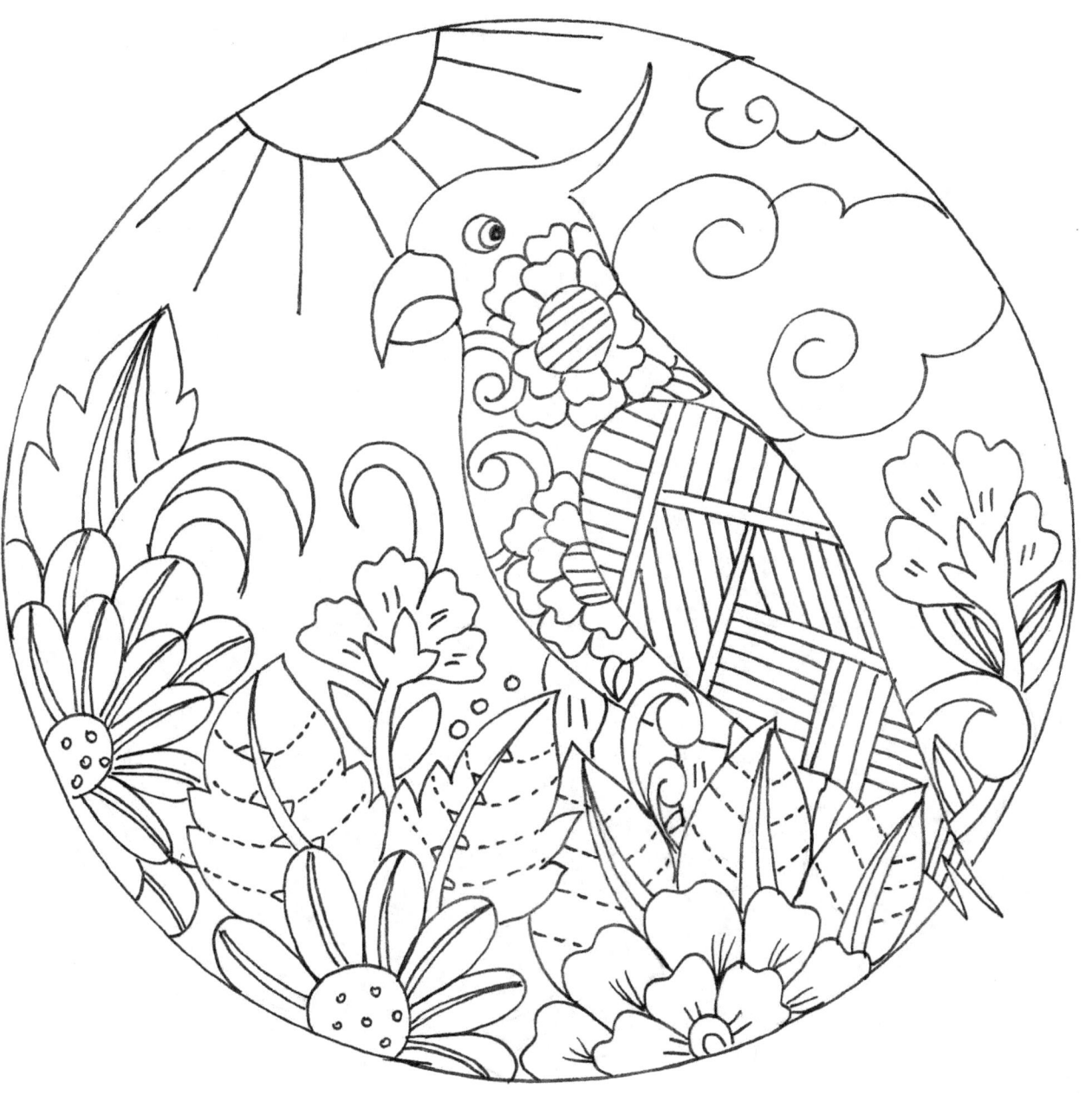

© Ruchi Bhargava   Enchanted Bird Kingdom

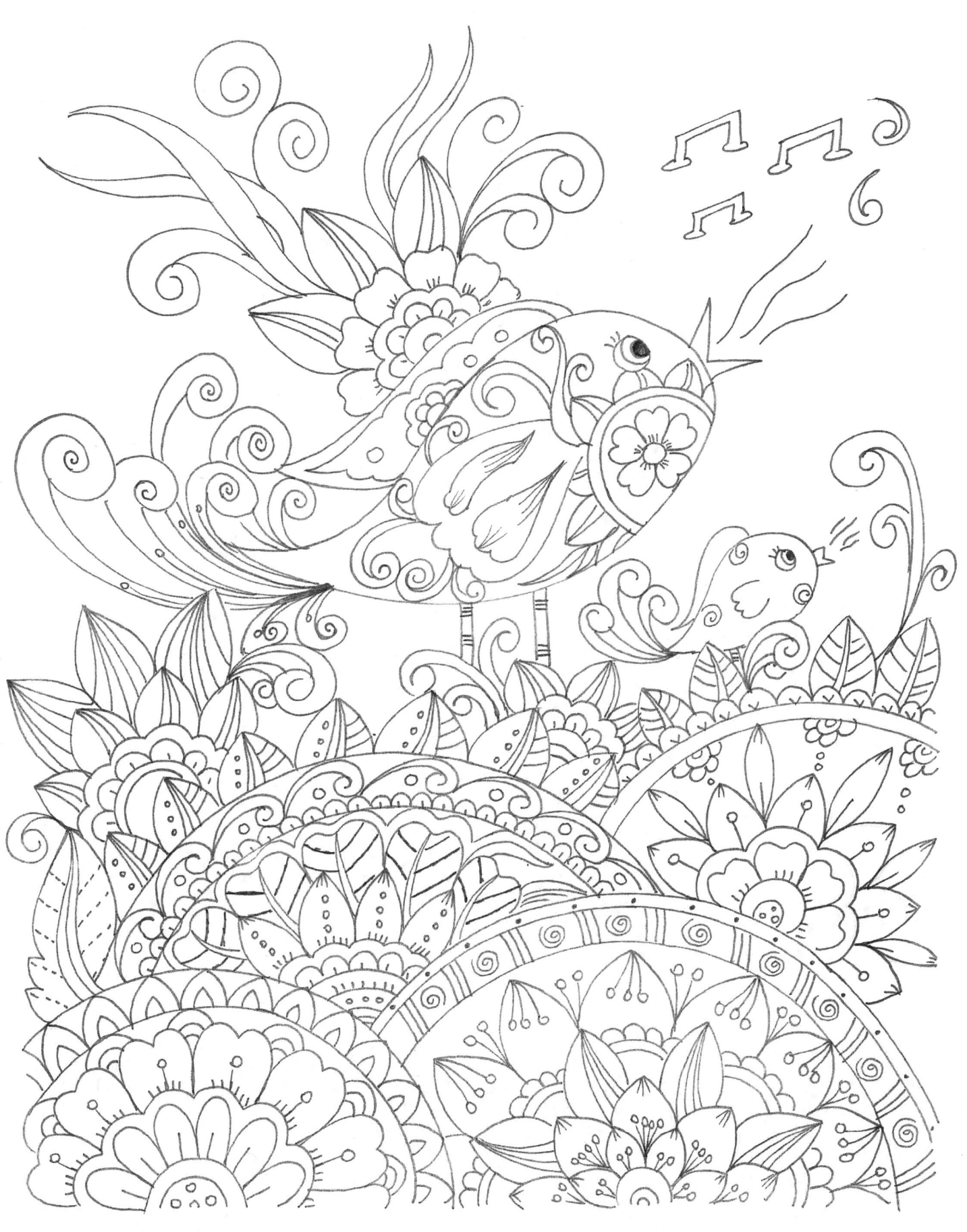
© Ruchi Bhargava — Enchanted Bird Kingdom

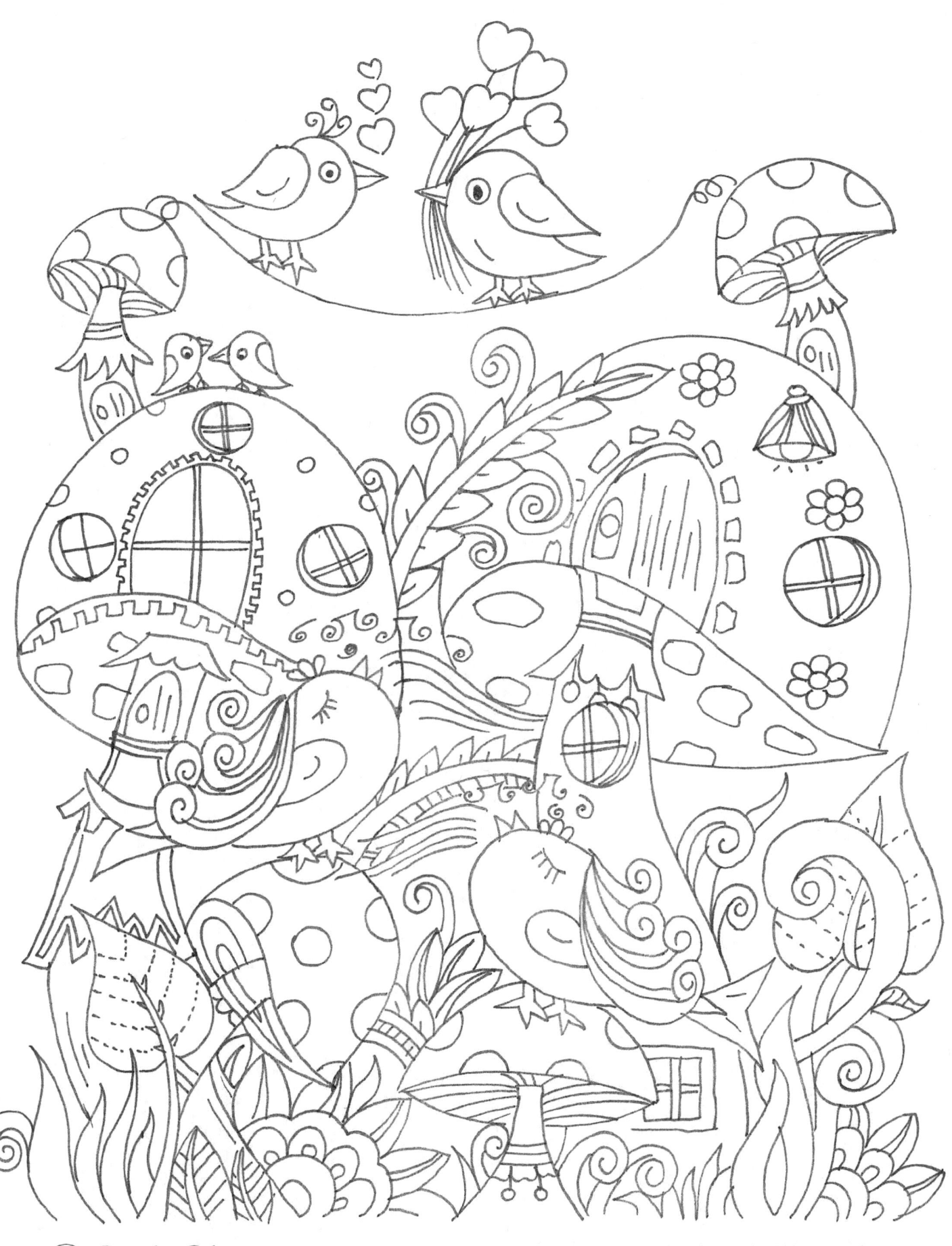

© Ruchi Bhargava Enchanted Bird Kingdom

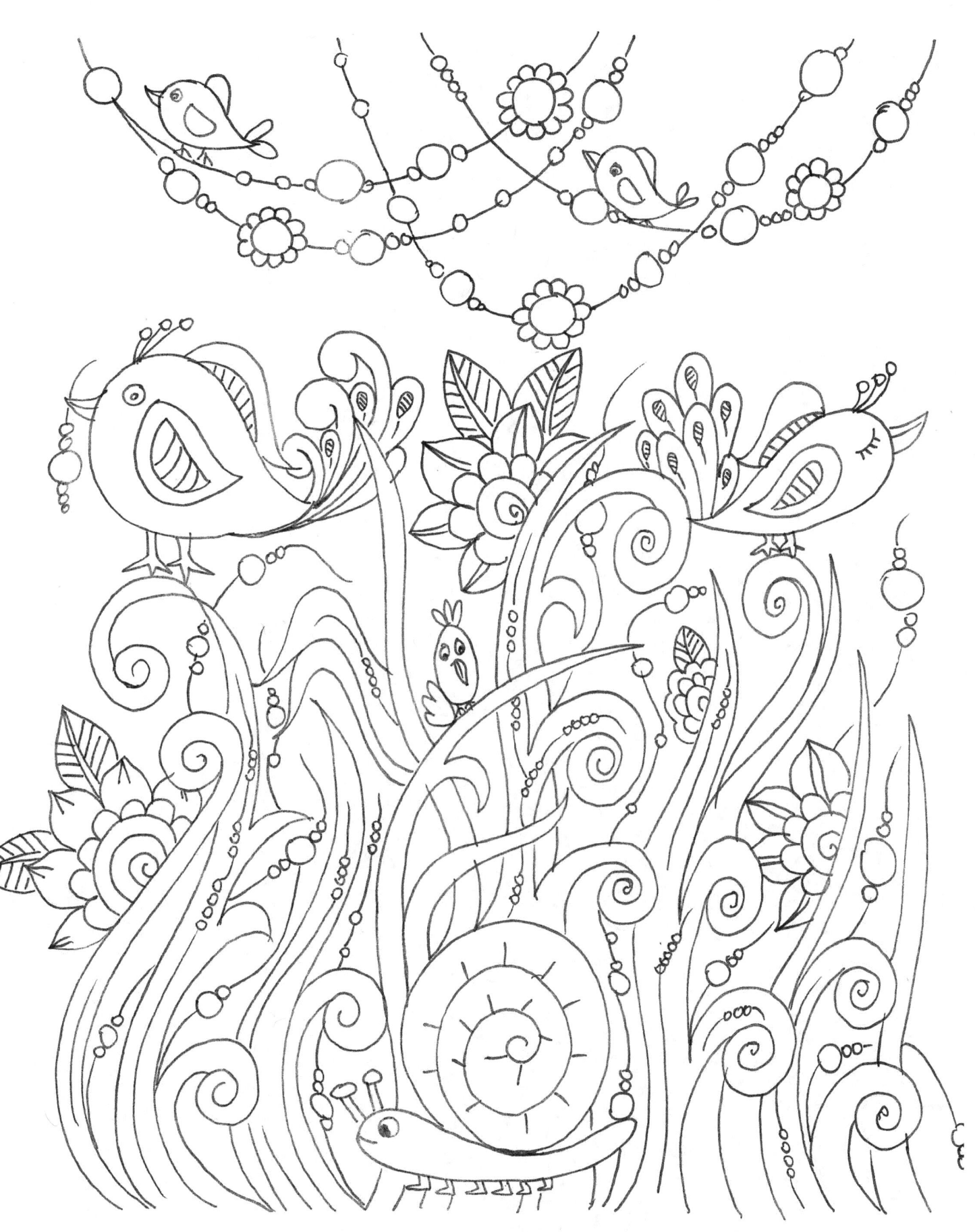

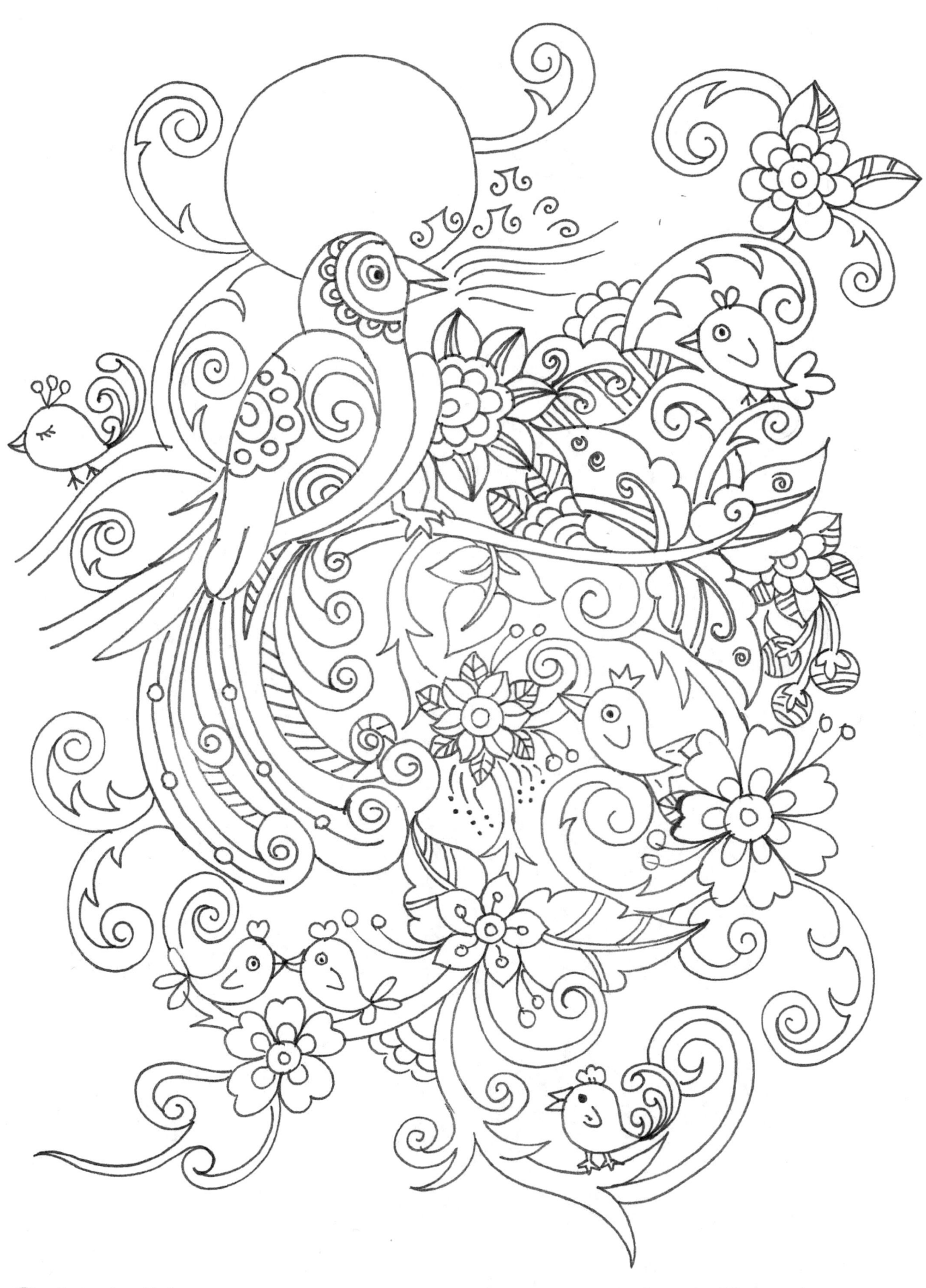

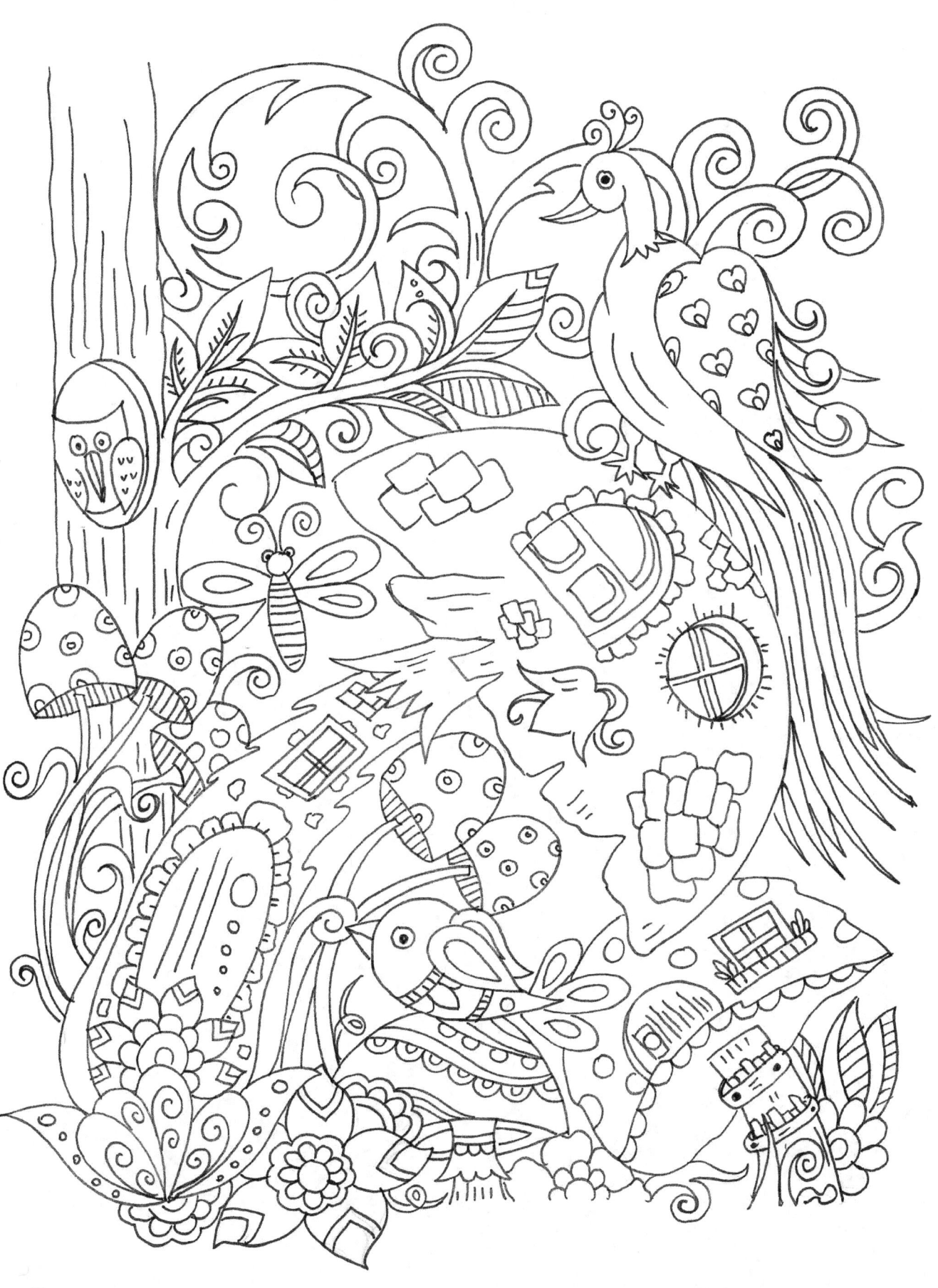

© Ruchi Bhargava — Enchanted Bird Kingdom

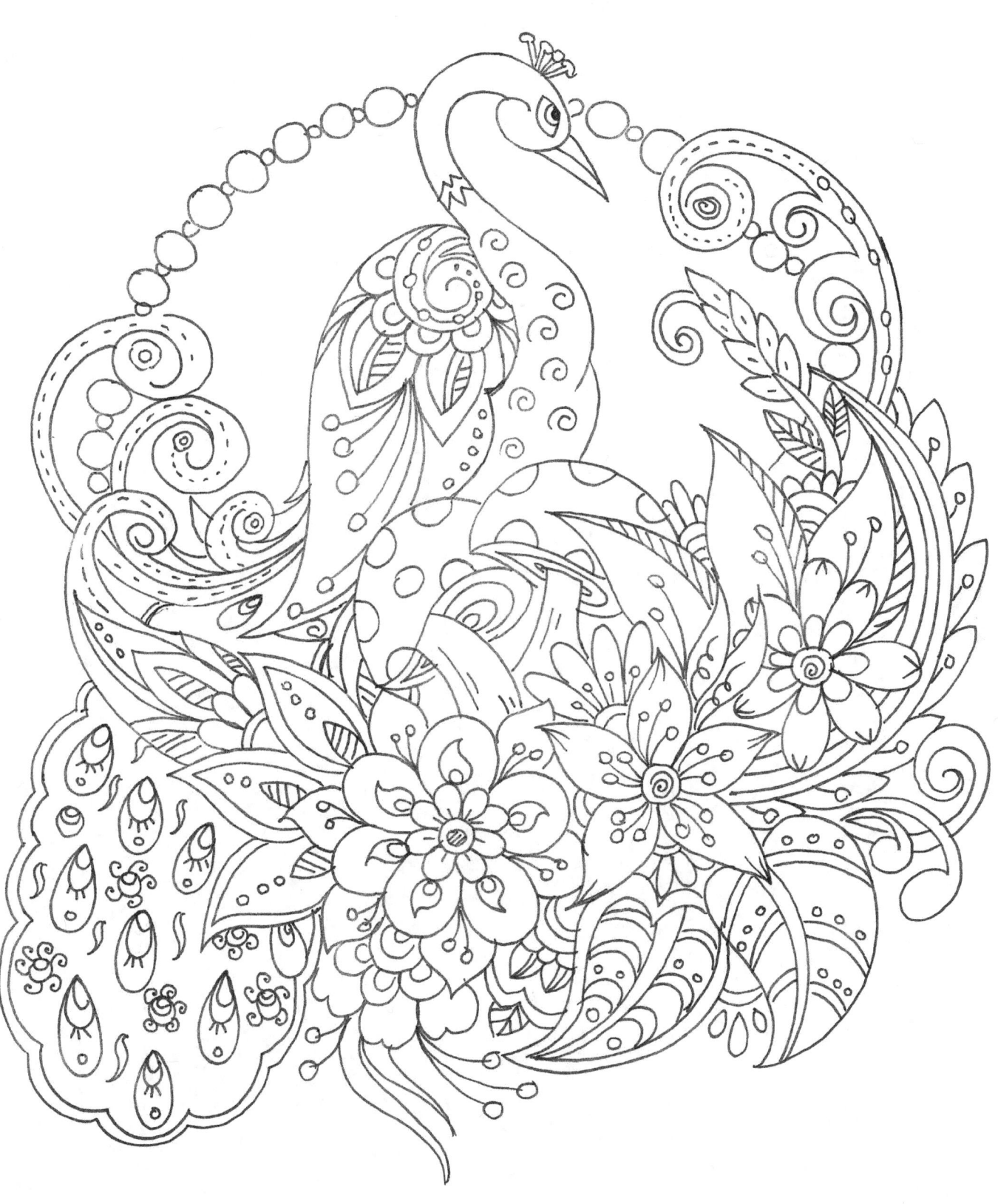

© Ruchi Bhargava   Enchanted Bird Kingdom

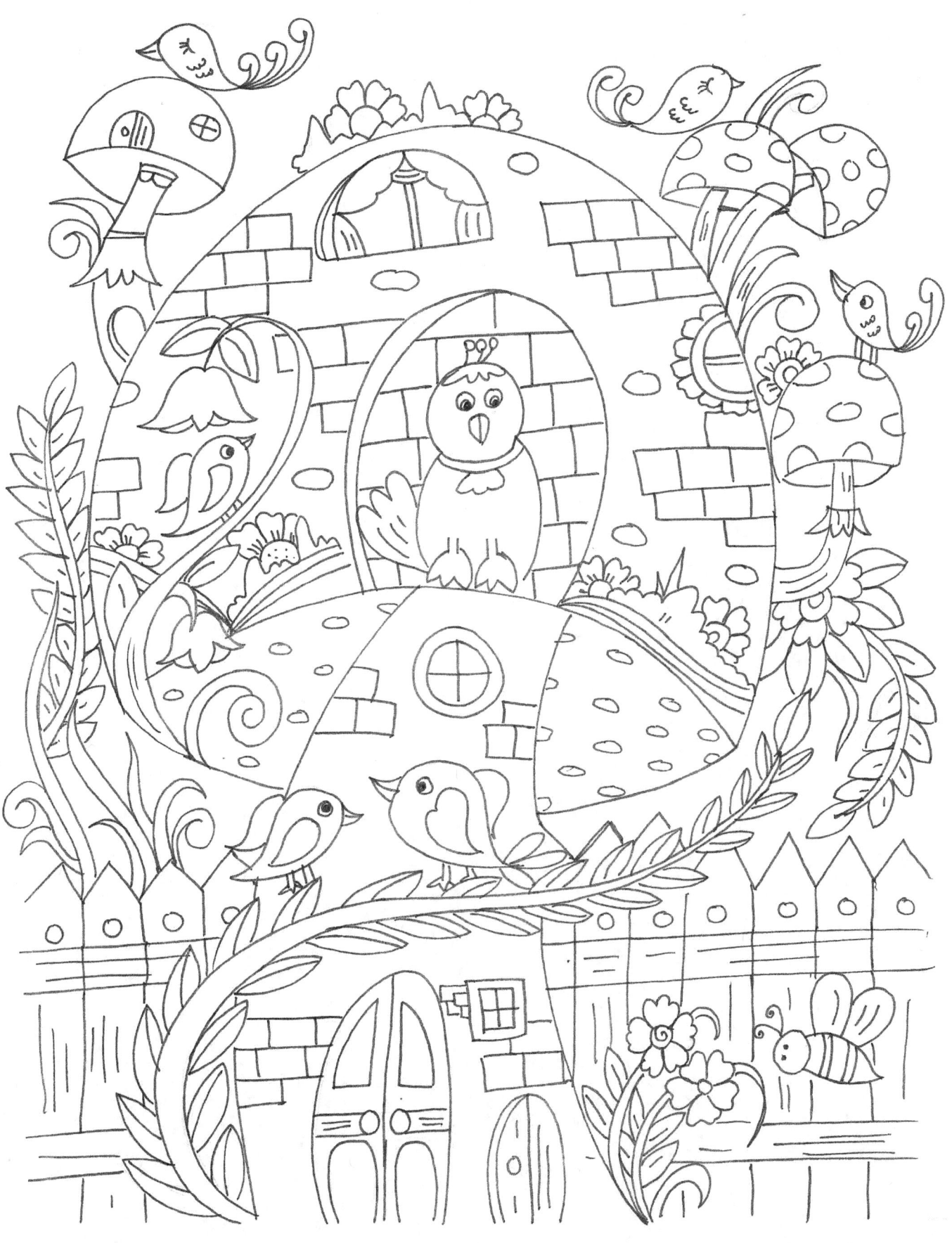

© Ruchi Bhargava — Enchanted Bird Kingdom

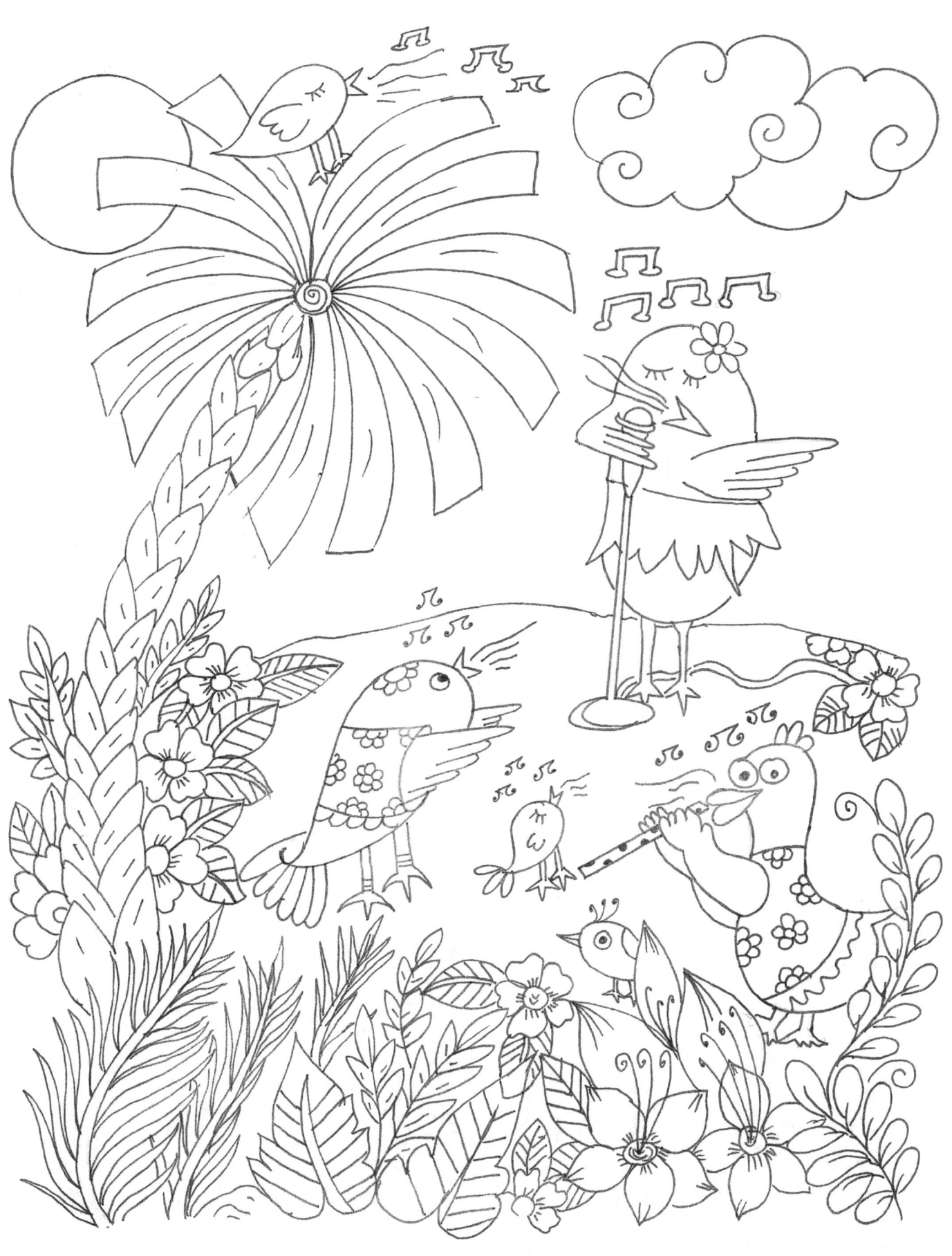

© Ruchi Bhargava

Enchanted Bird Kingdom

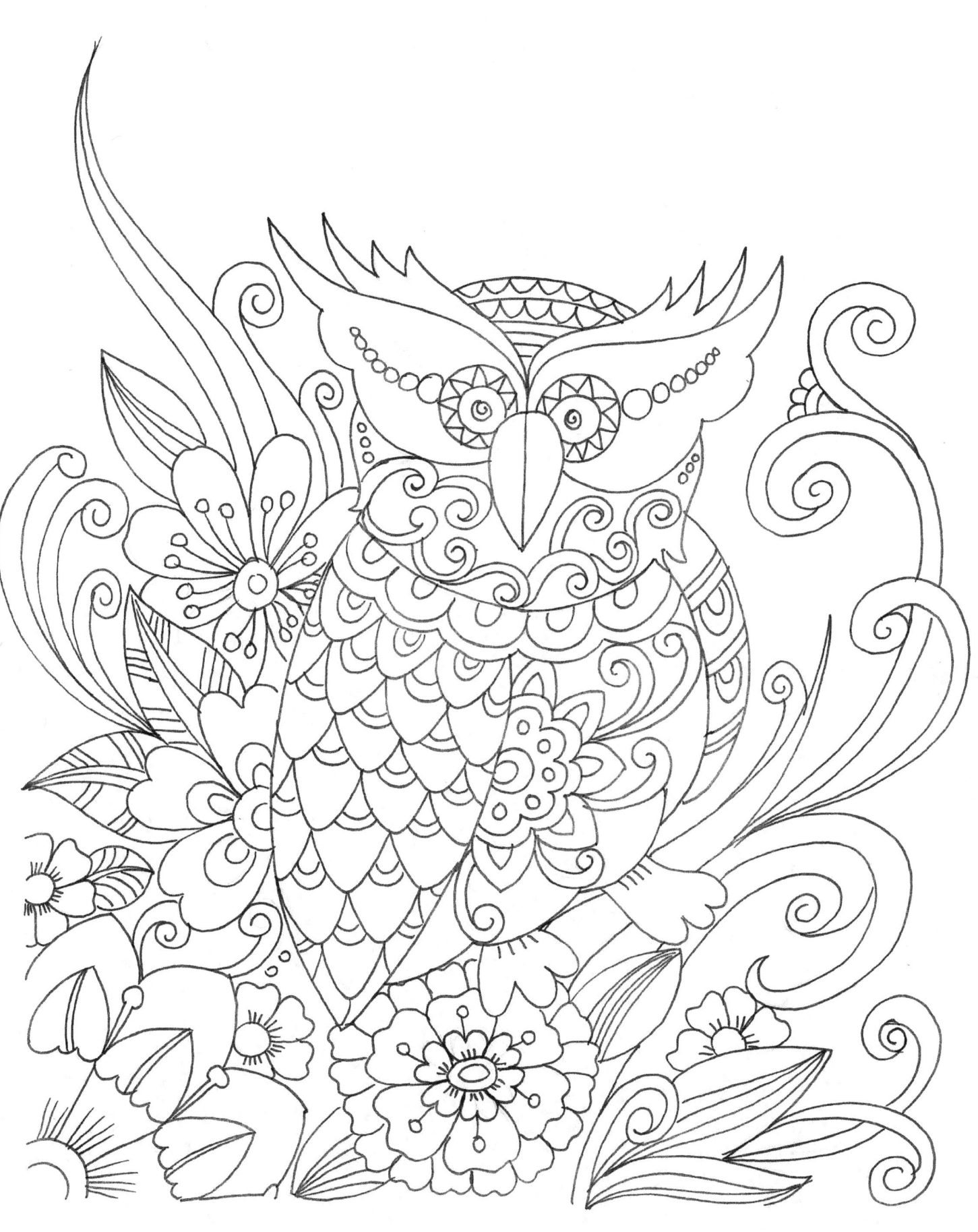

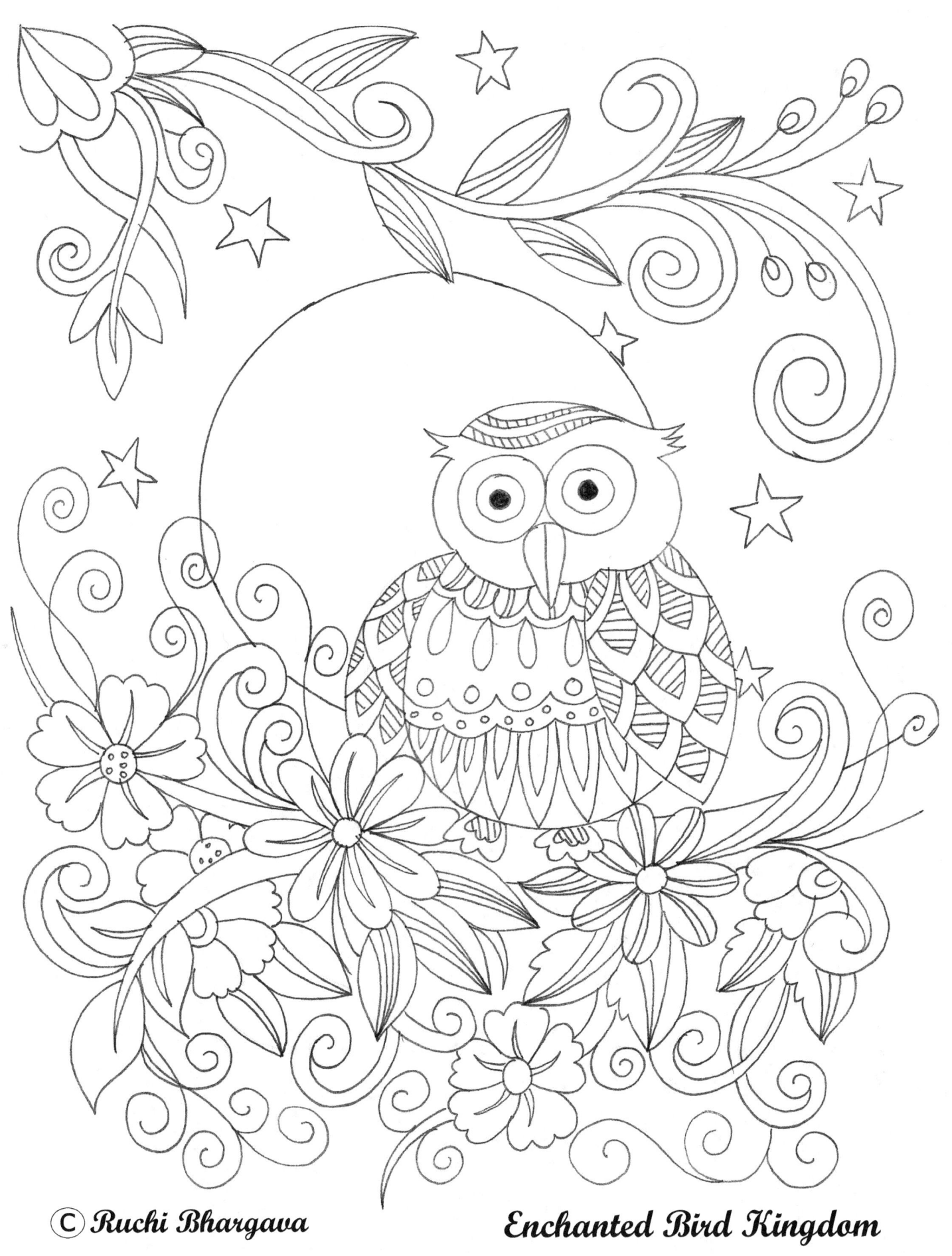

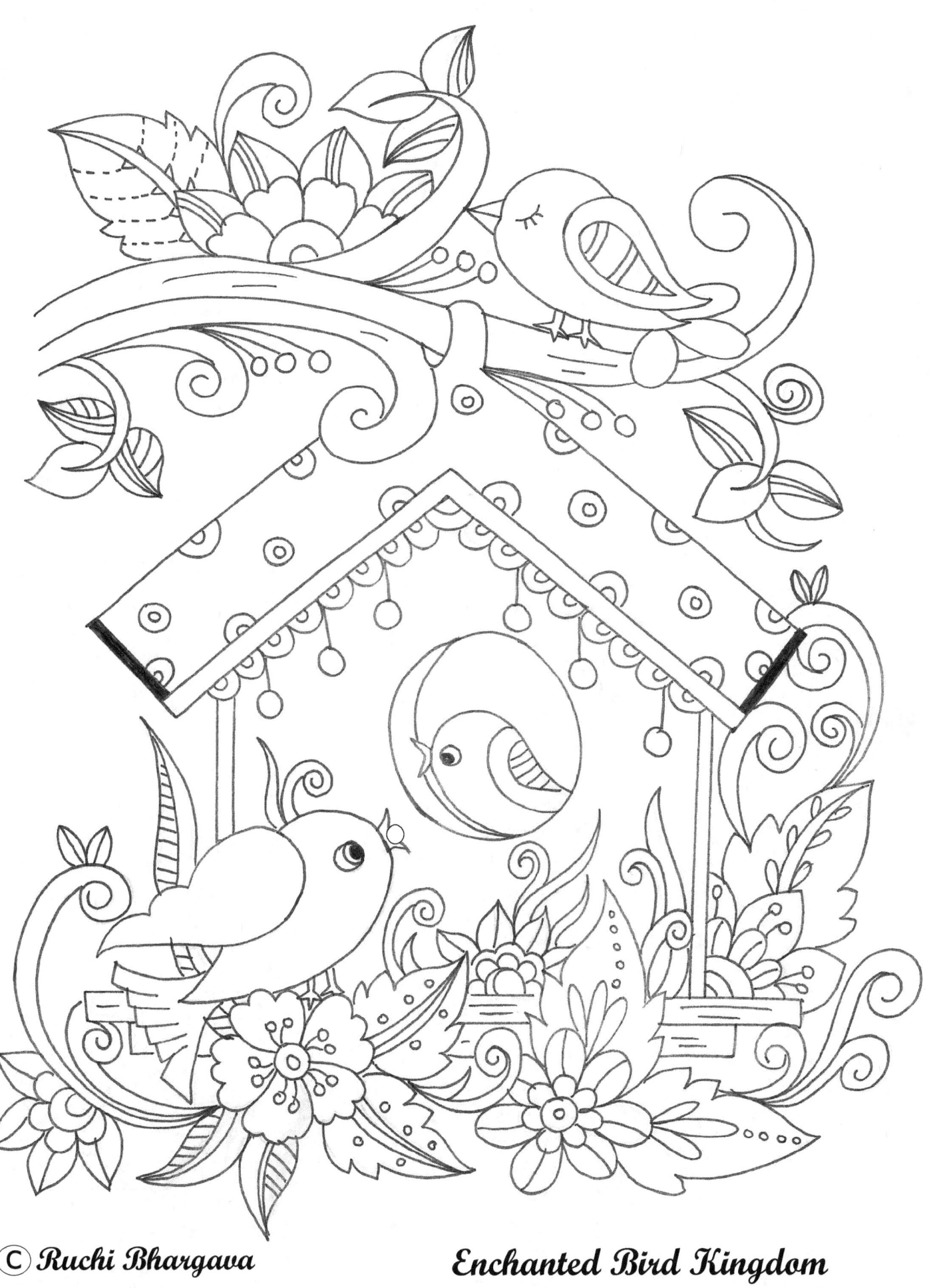

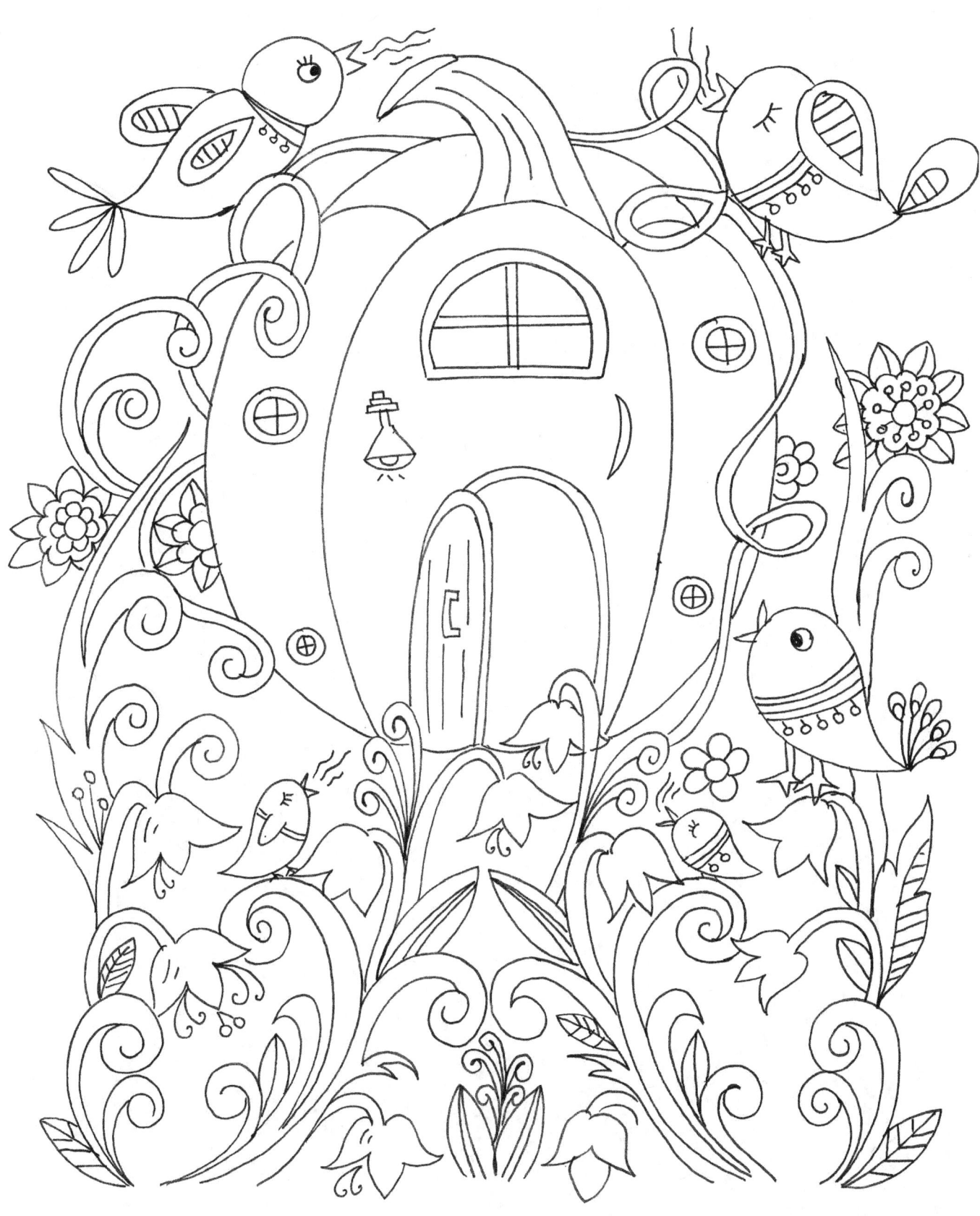

© Ruchi Bhargava *Enchanted Bird Kingdom*

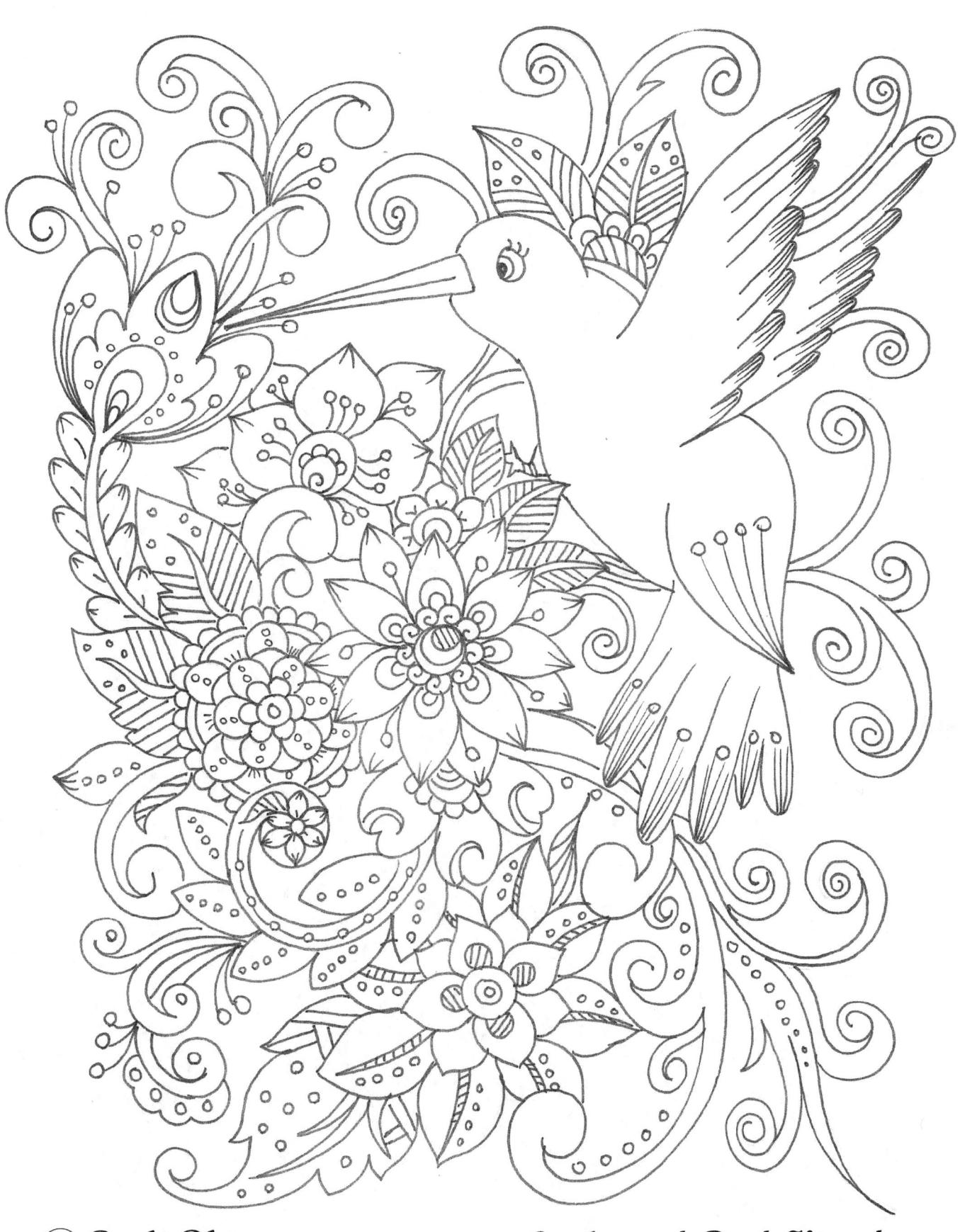

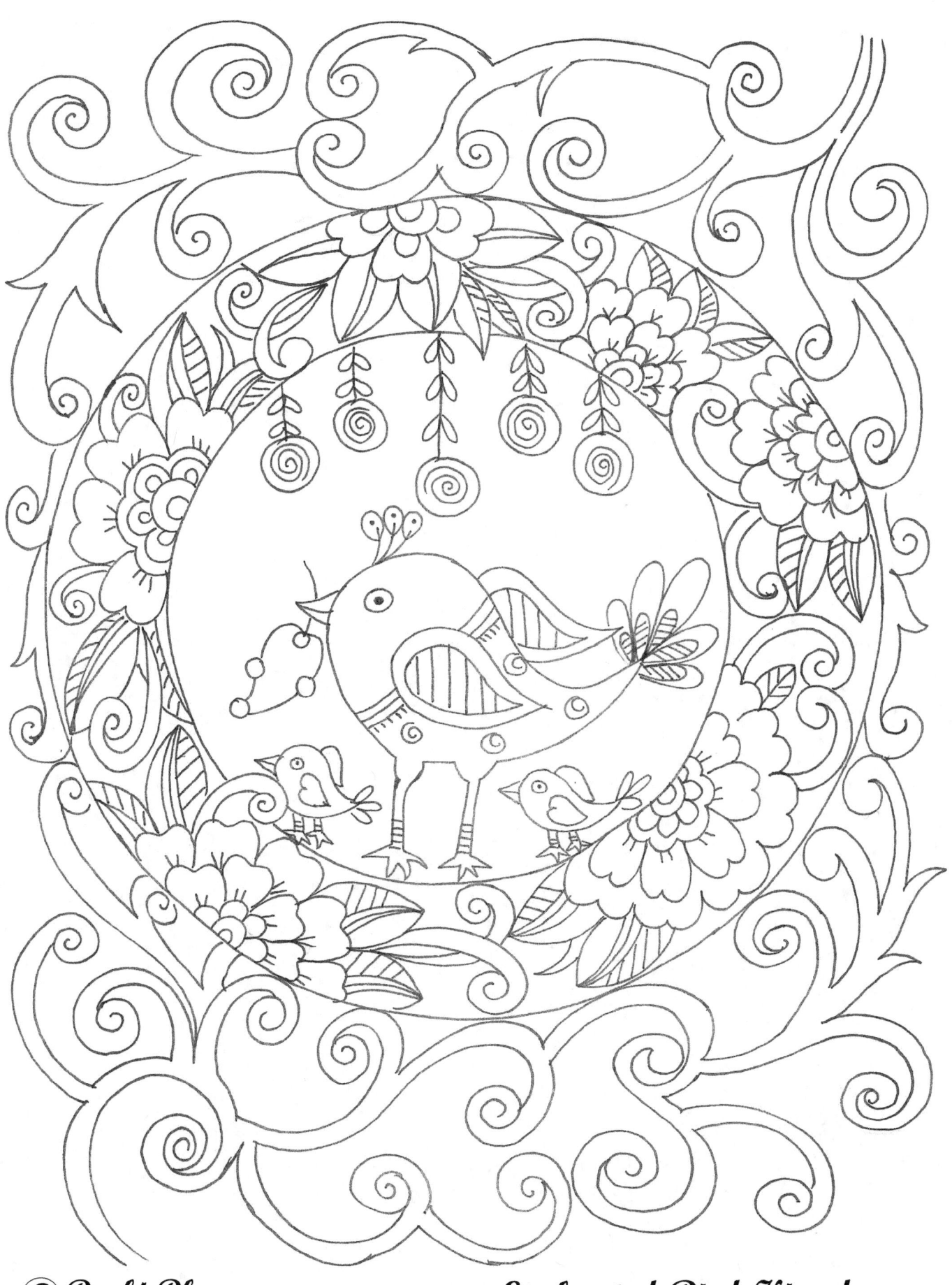

© Ruchi Bhargava Enchanted Bird Kingdom

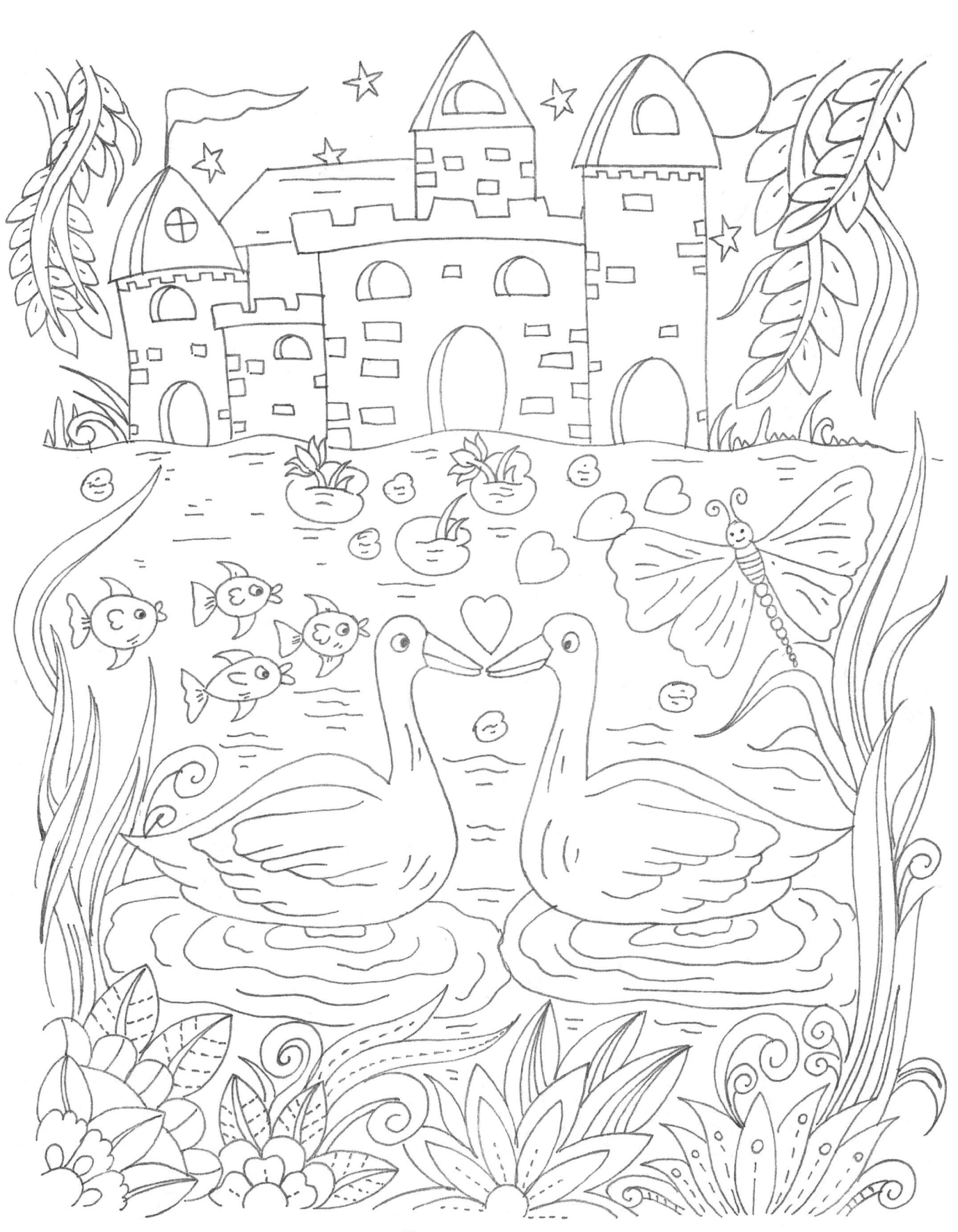

© Ruchi Bhargava   Enchanted Bird Kingdom

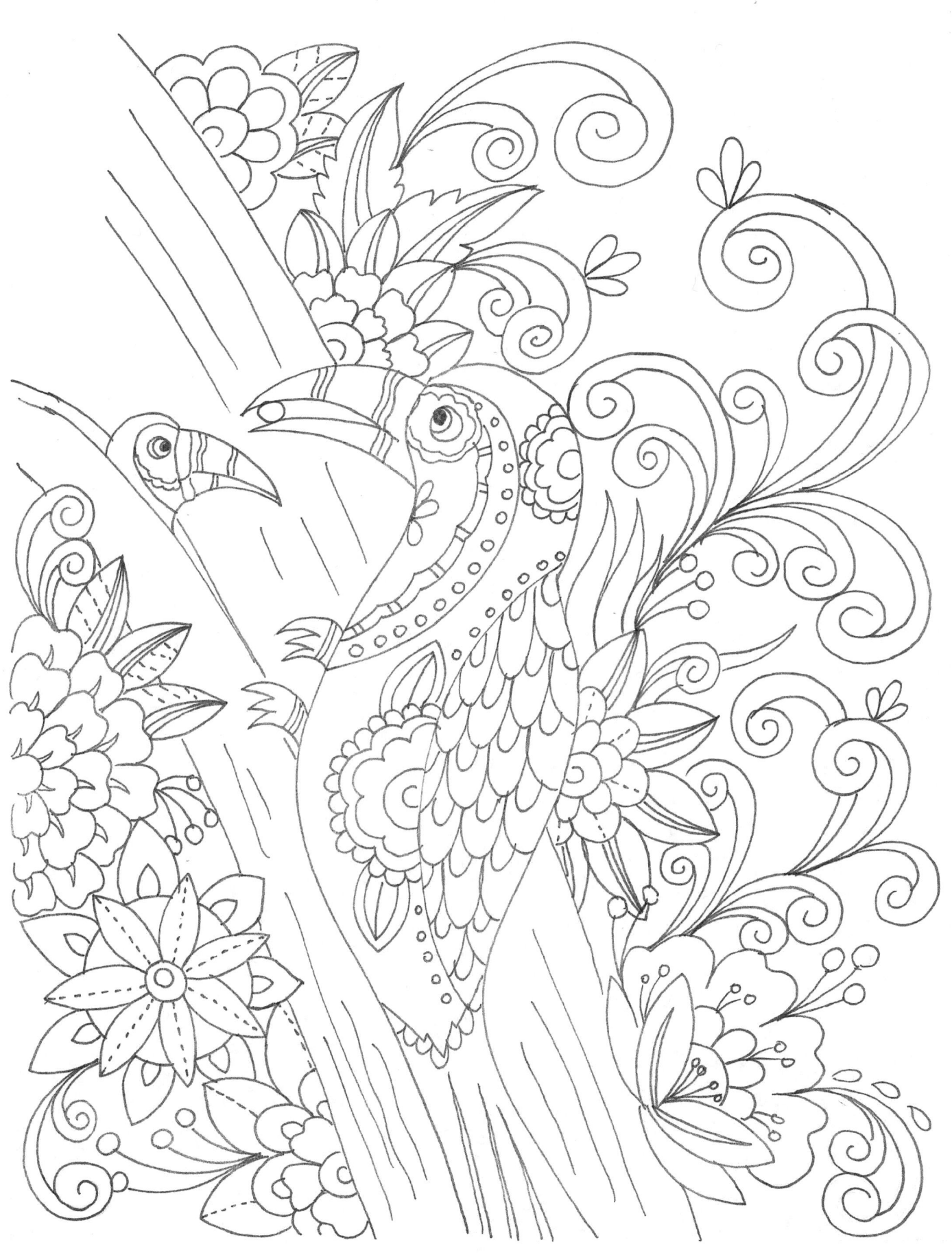
© Ruchi Bhargava — Enchanted Bird Kingdom

© Ruchi Bhargava — Enchanted Bird Kingdom

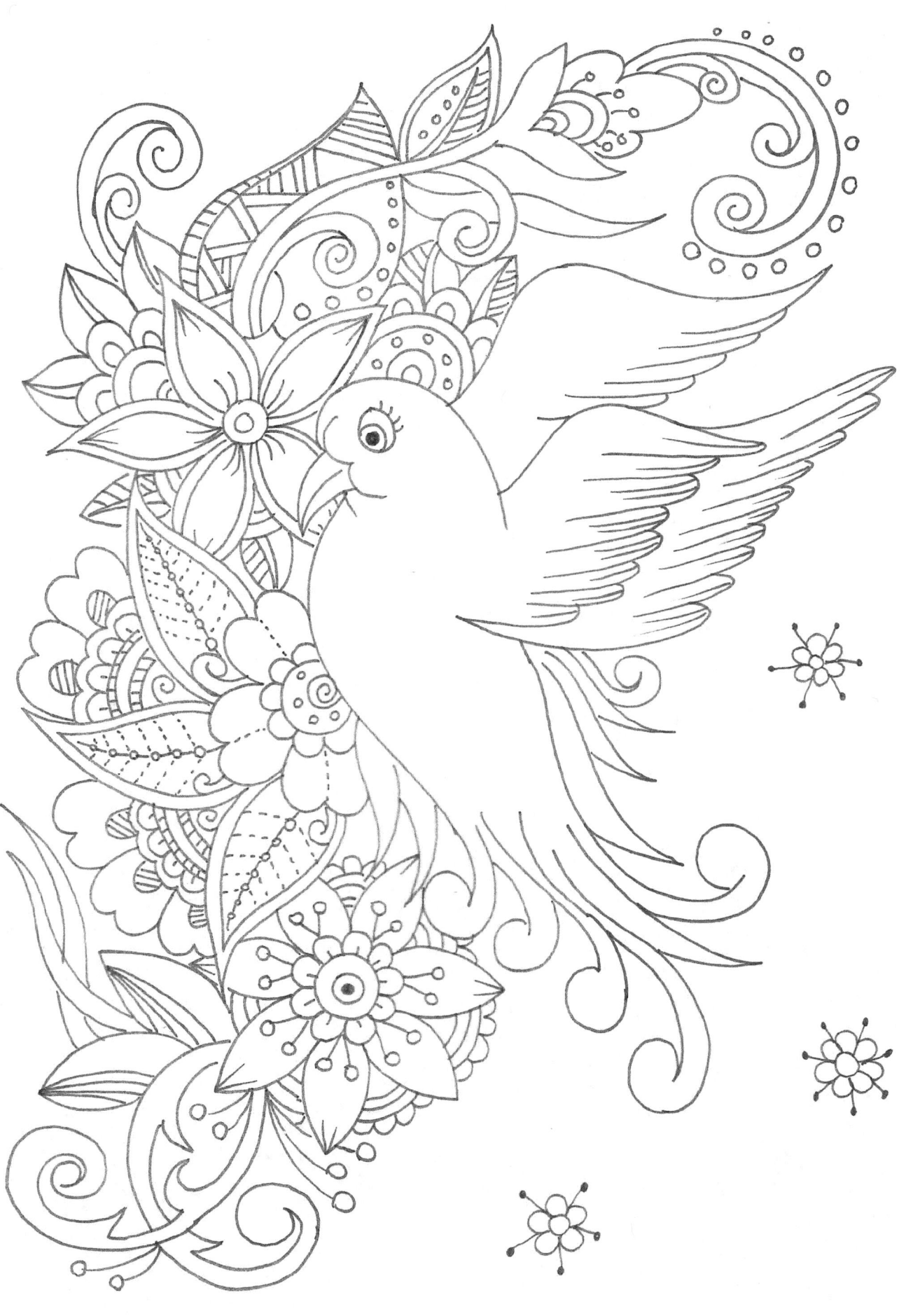

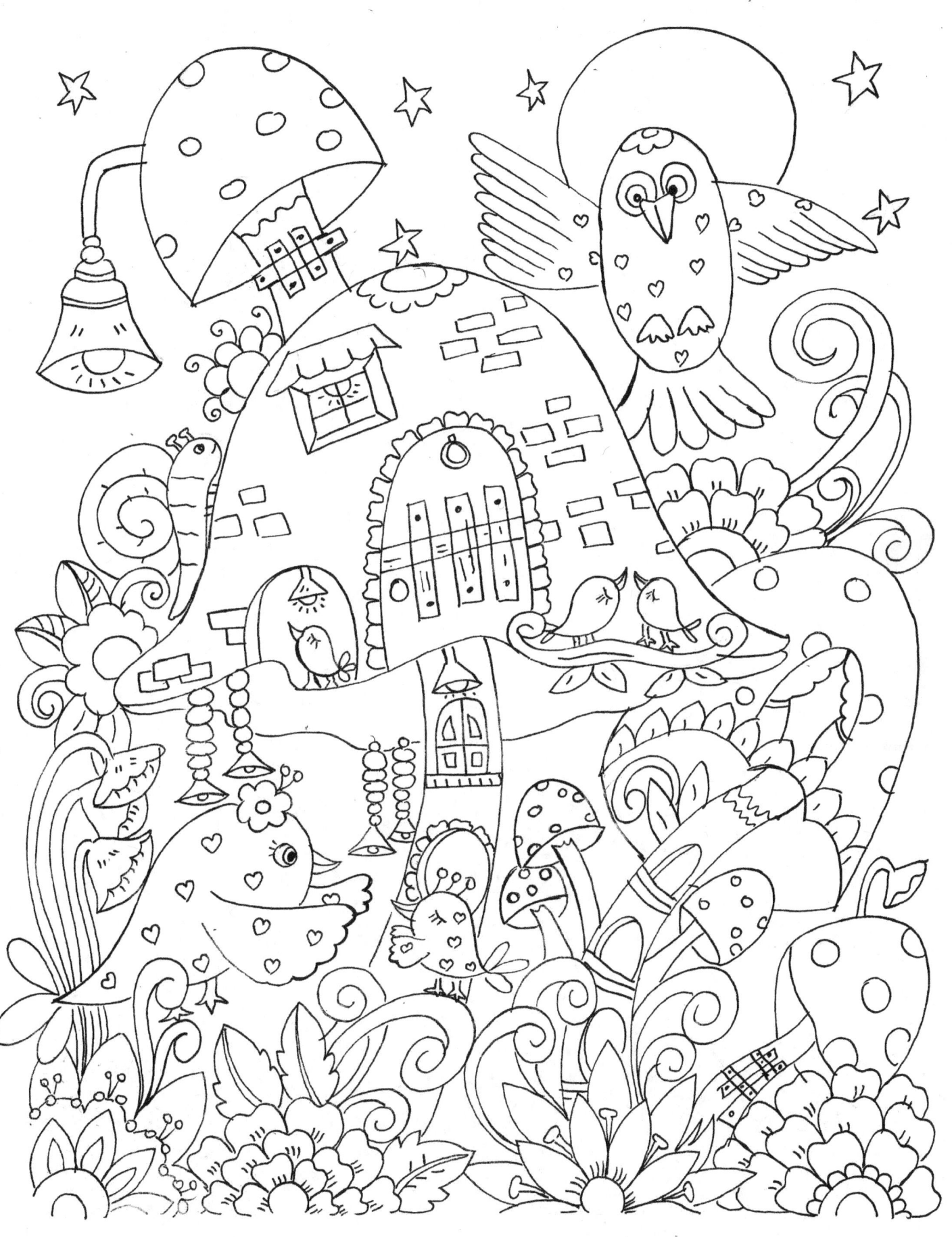
© Ruchi Bhargava — Enchanted Bird Kingdom

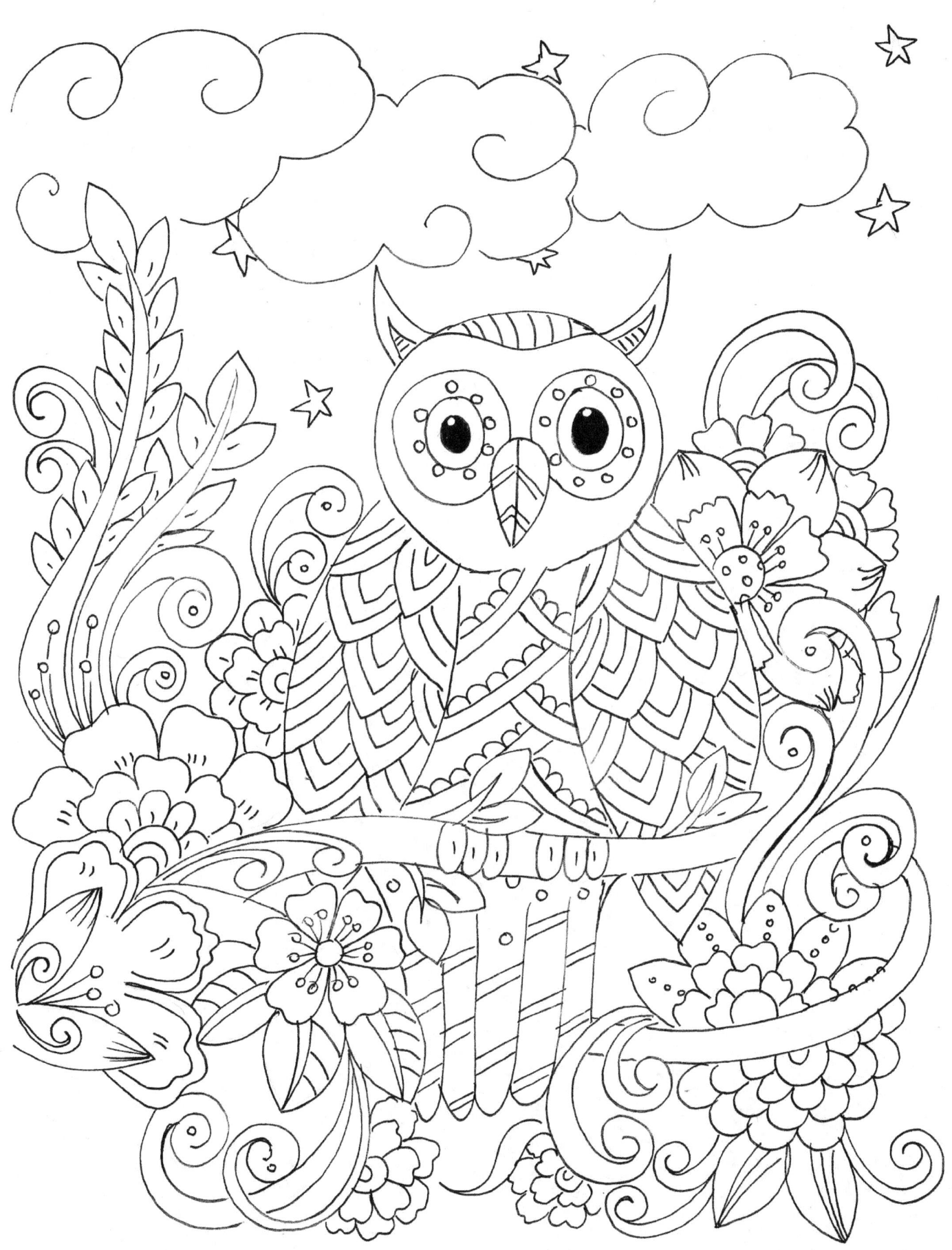

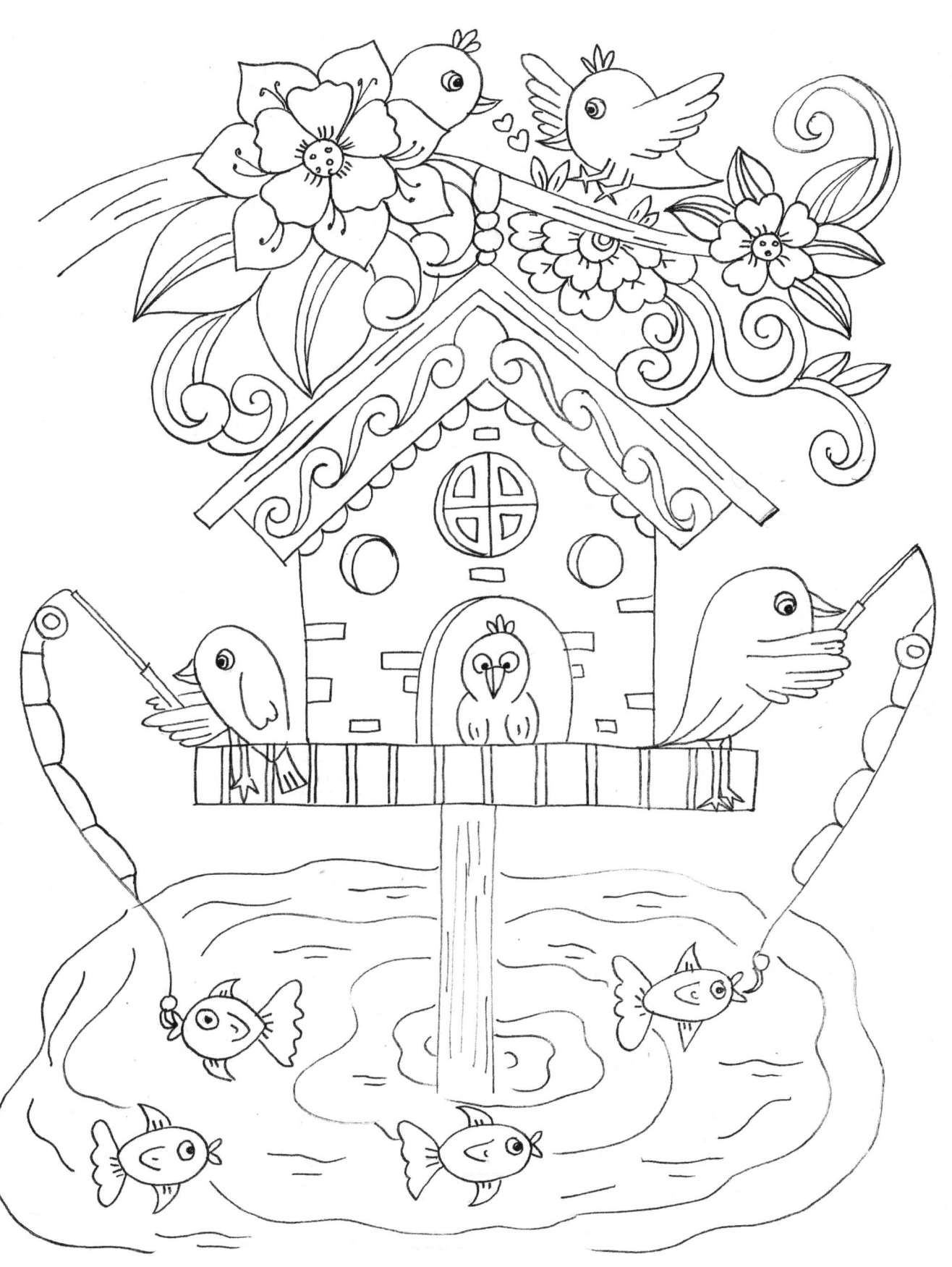

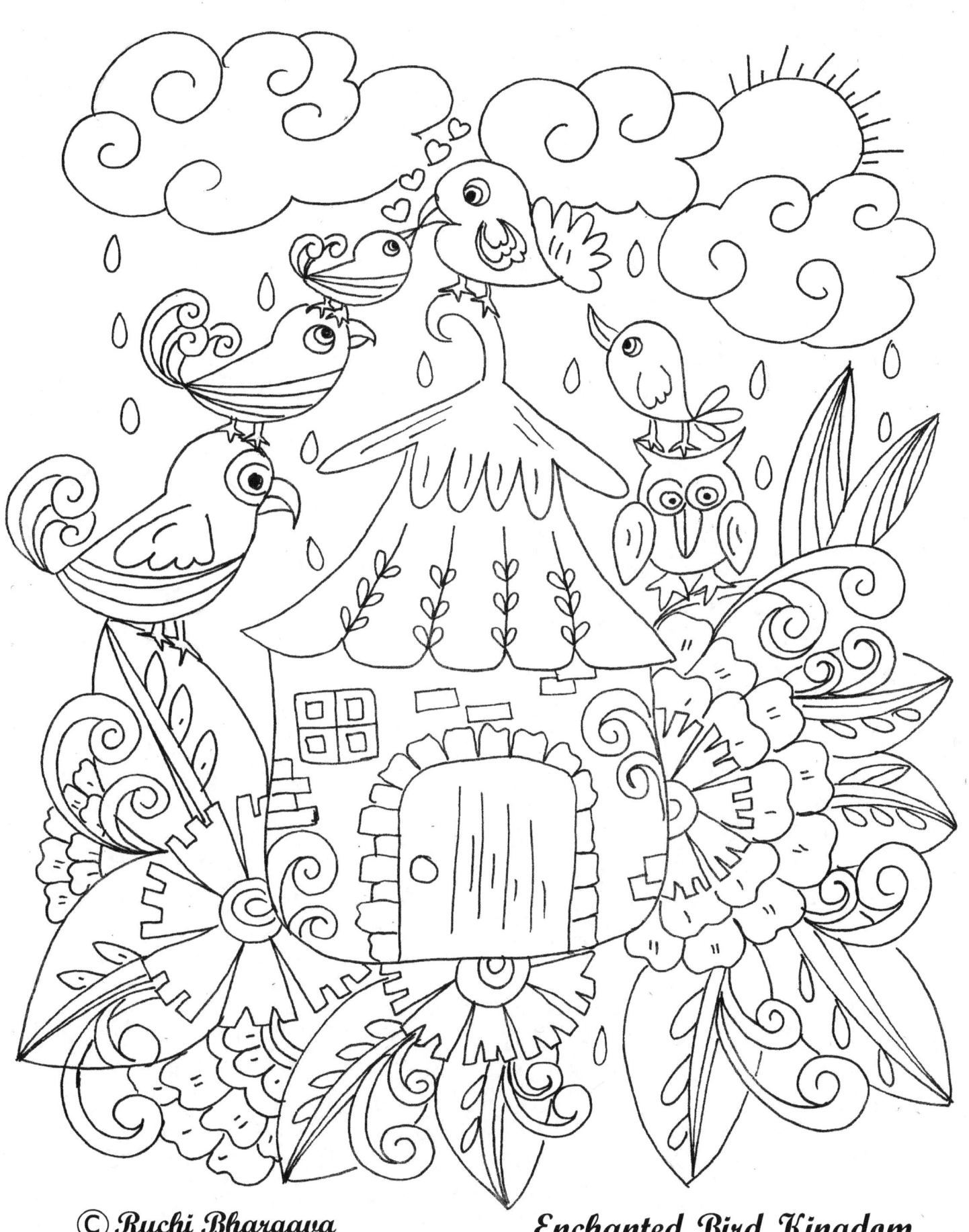

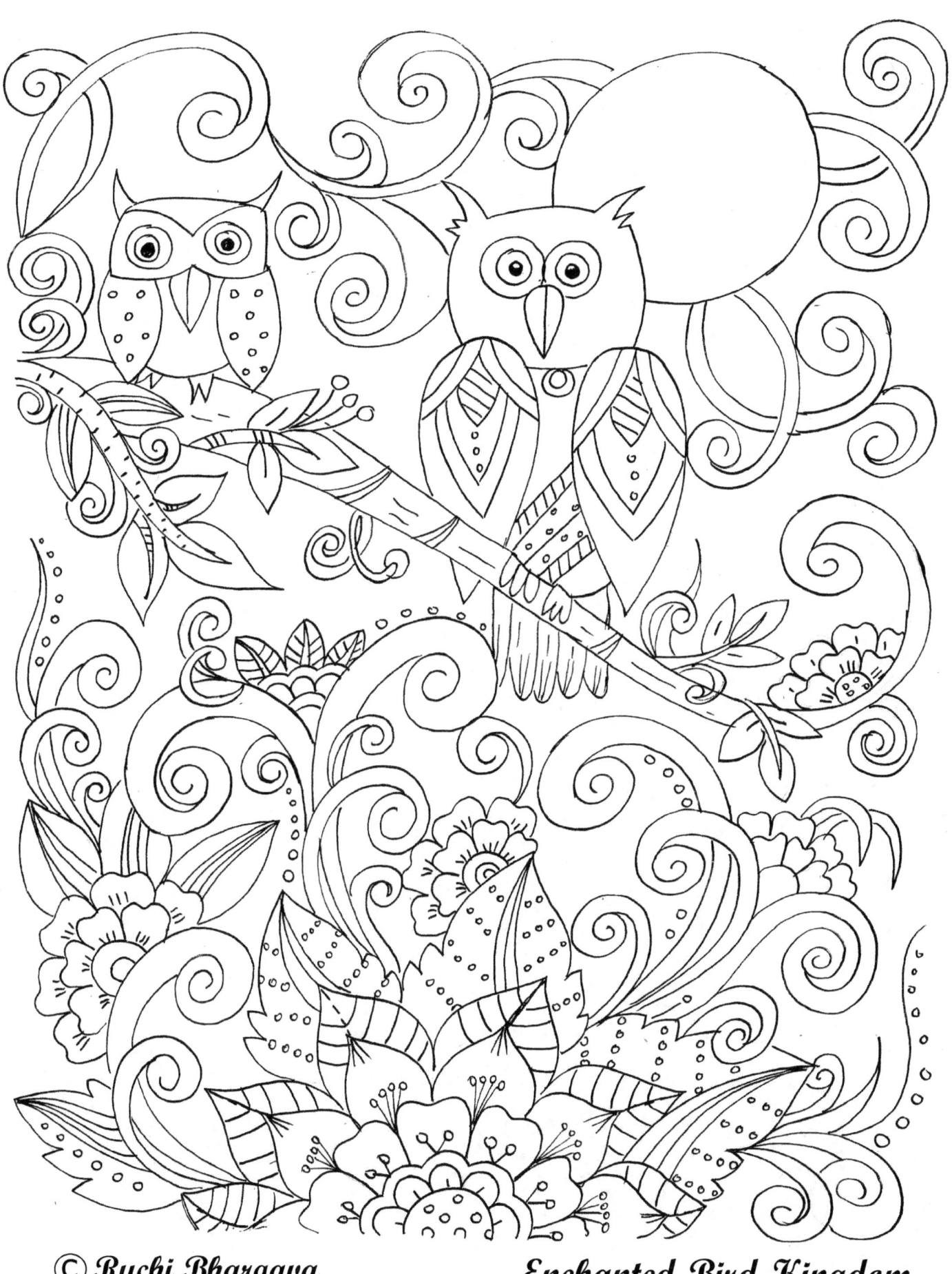
© Ruchi Bhargava — Enchanted Bird Kingdom

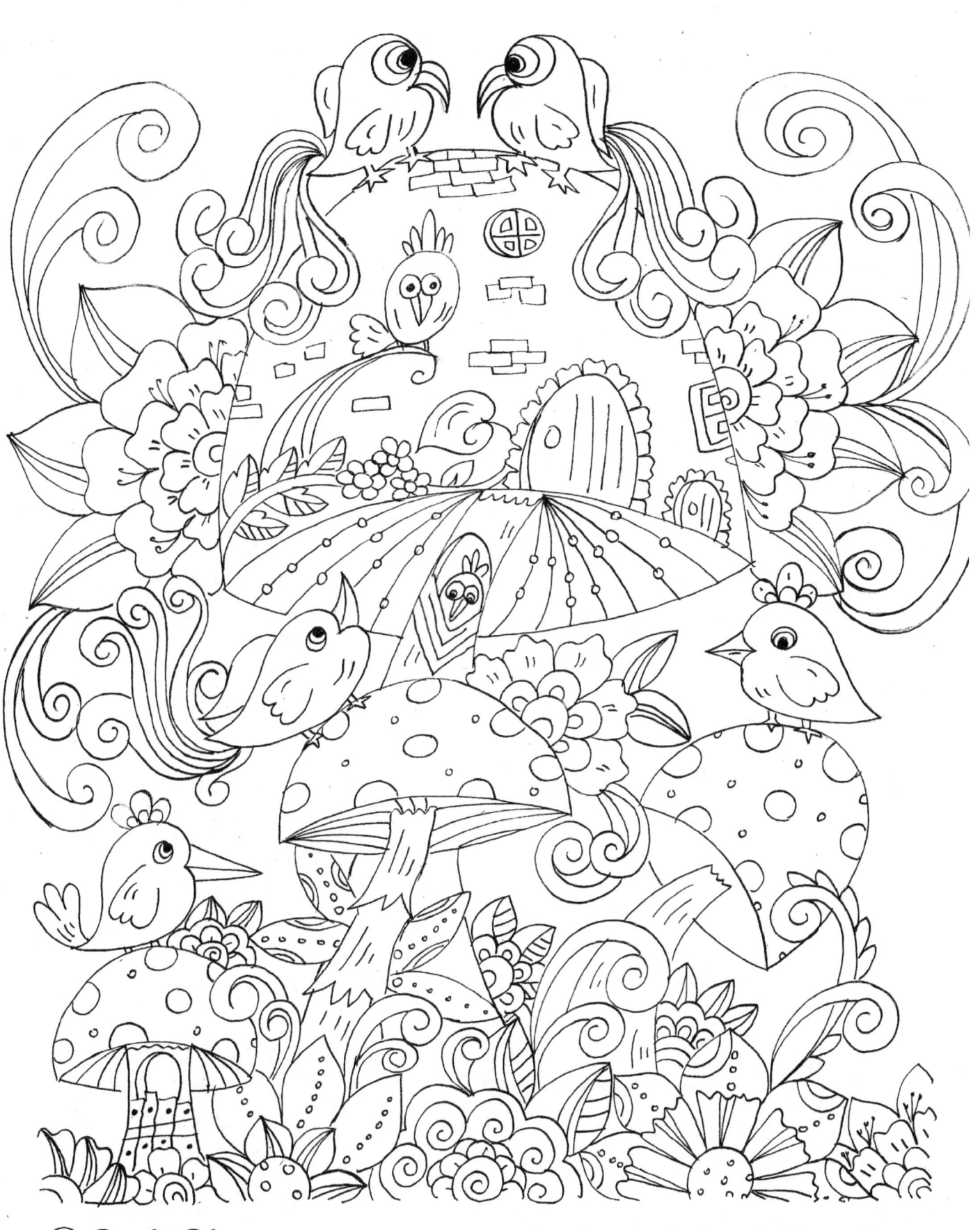

© Ruchi Bhargava Enchanted Bird Kingdom

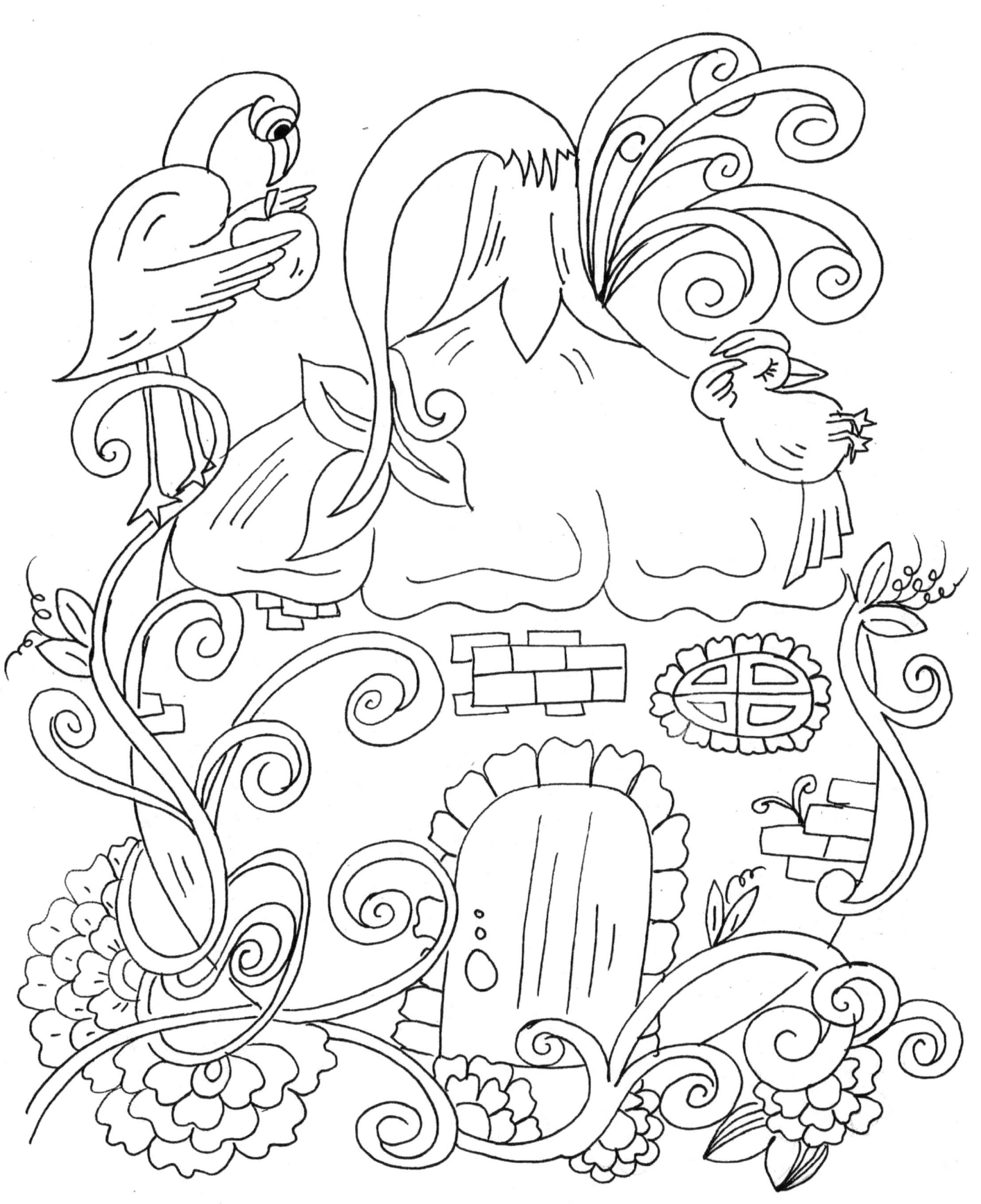

© Ruchi Bhargava Enchanted Bird Kingdom

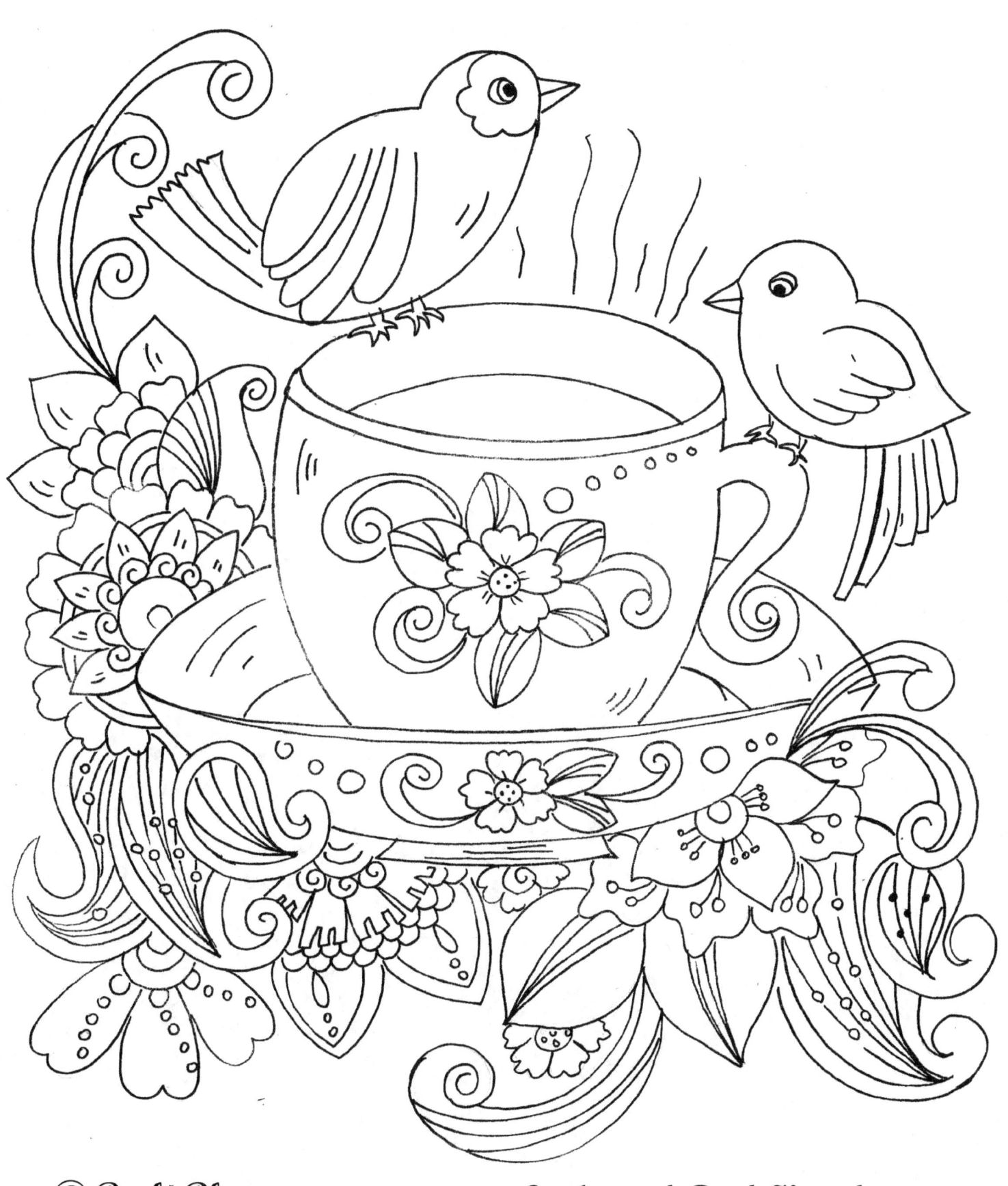
© Ruchi Bhargava — Enchanted Bird Kingdom

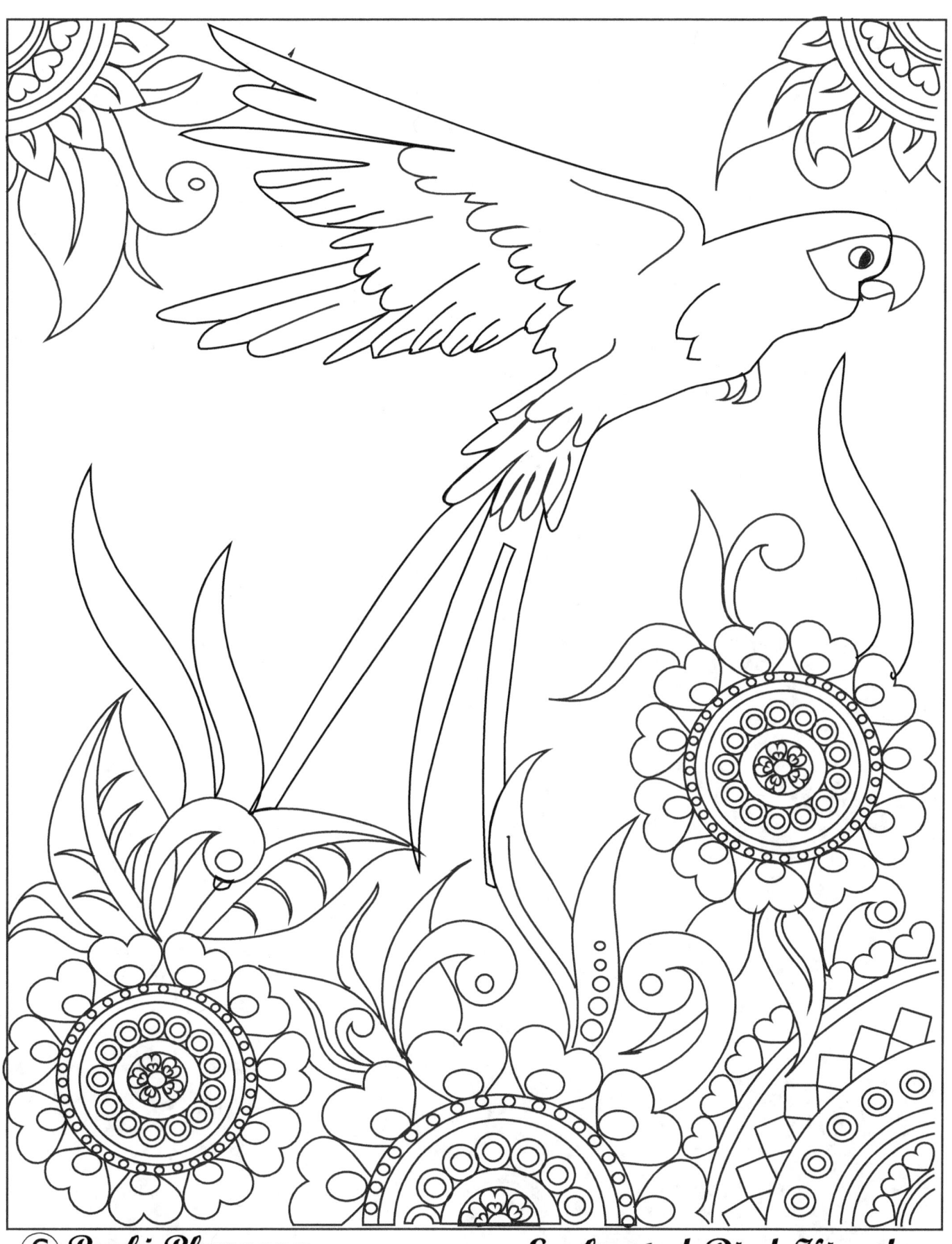

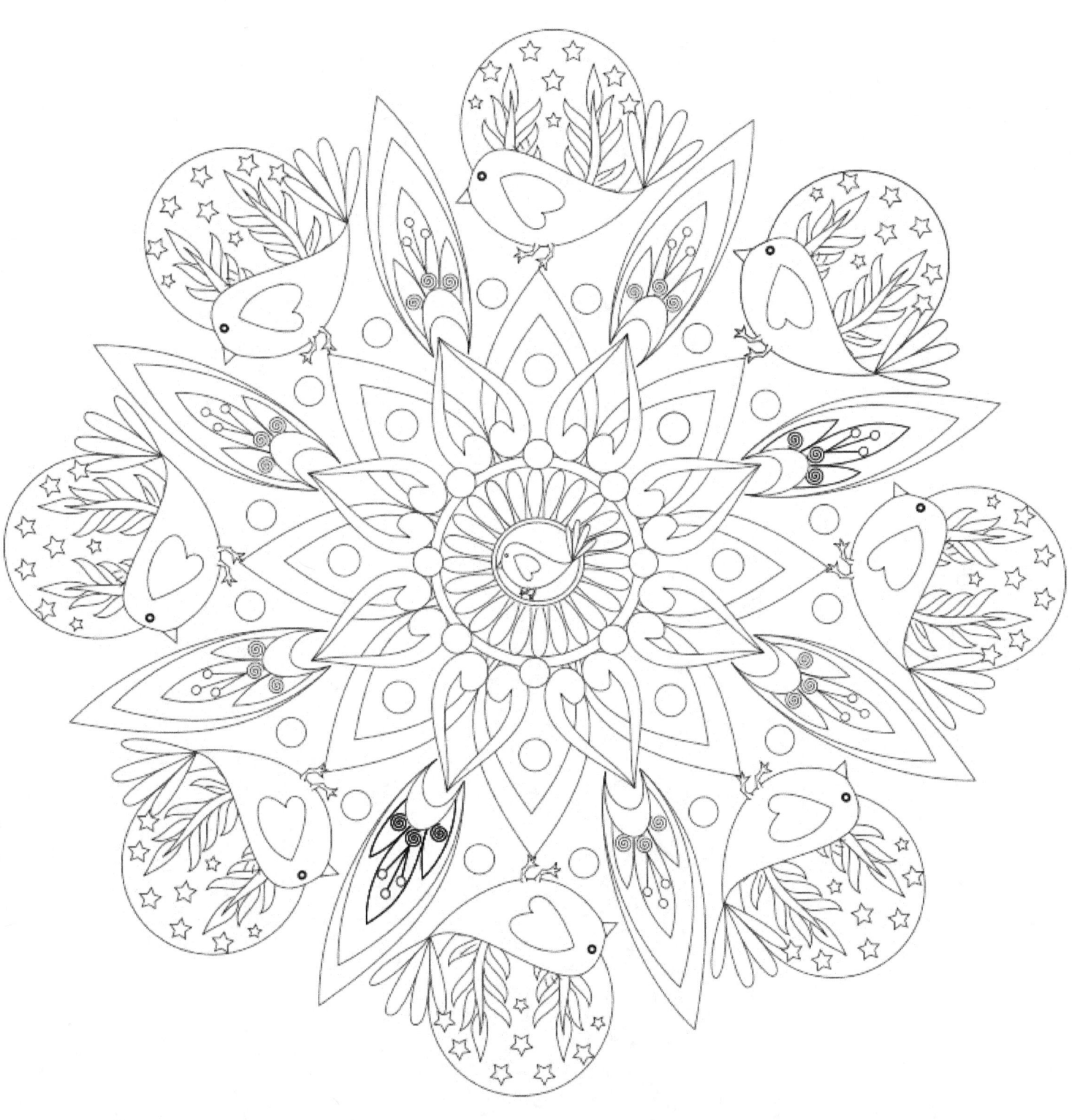

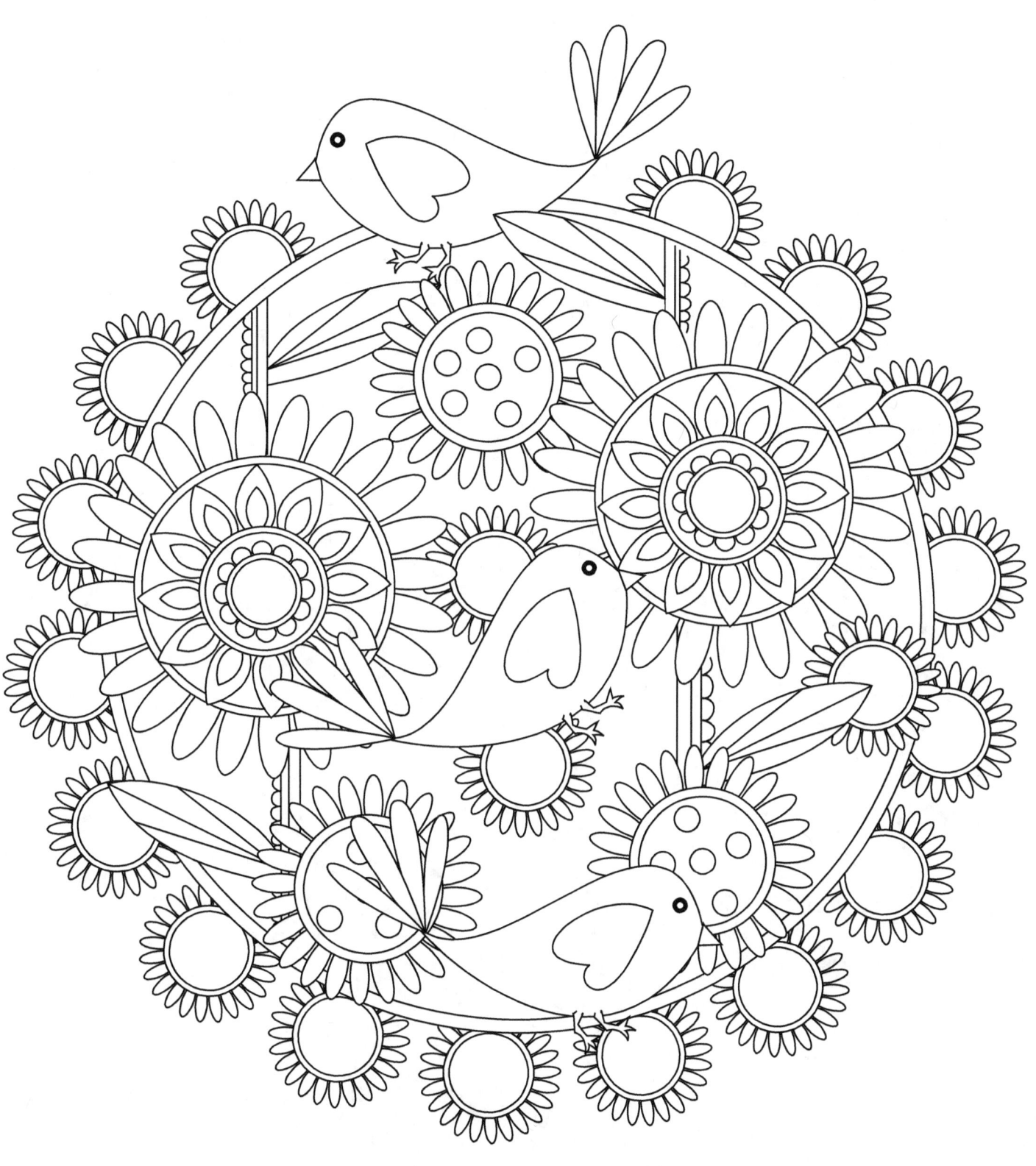

© Ruchi Bhargava   Enchanted Bird Kingdom

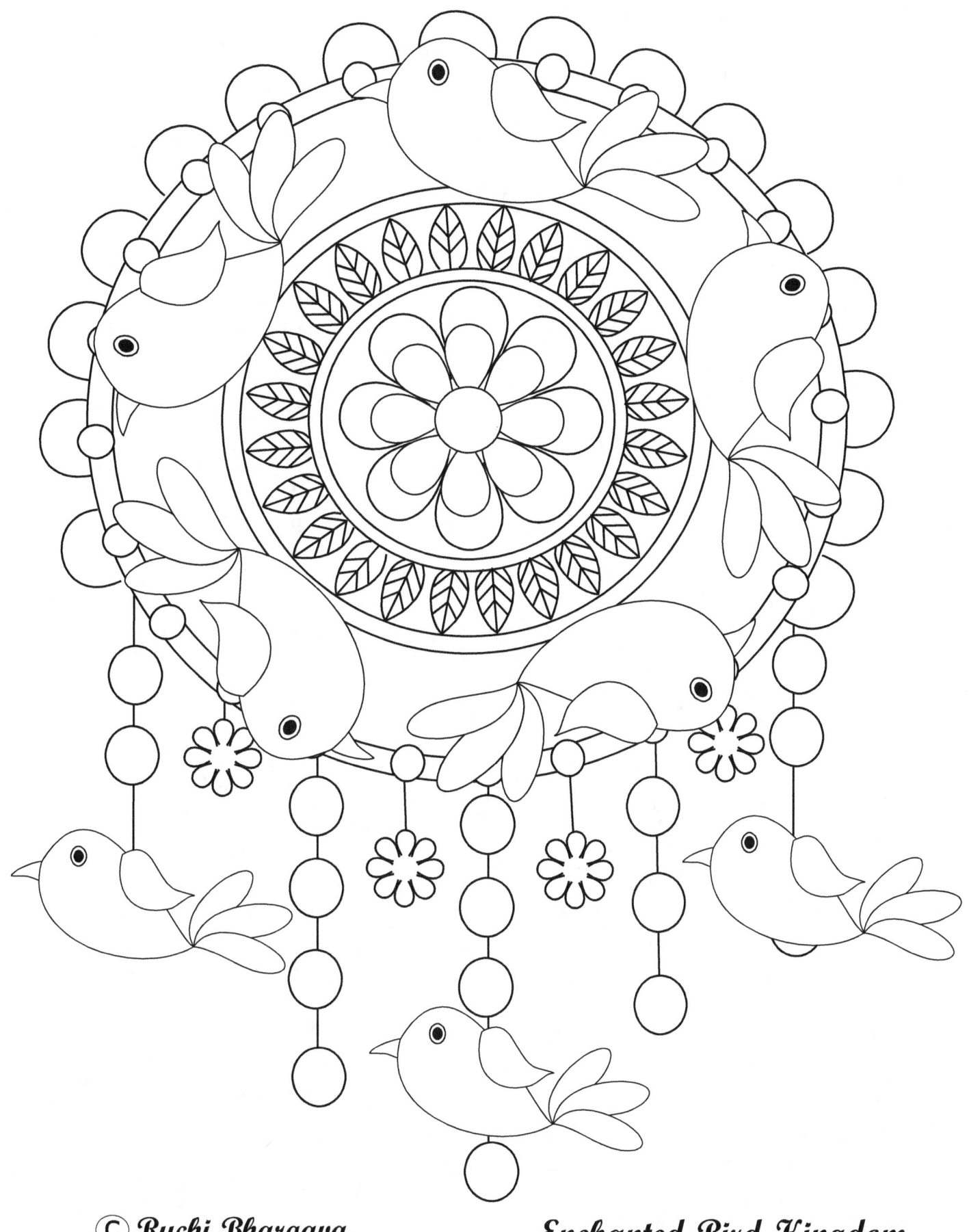

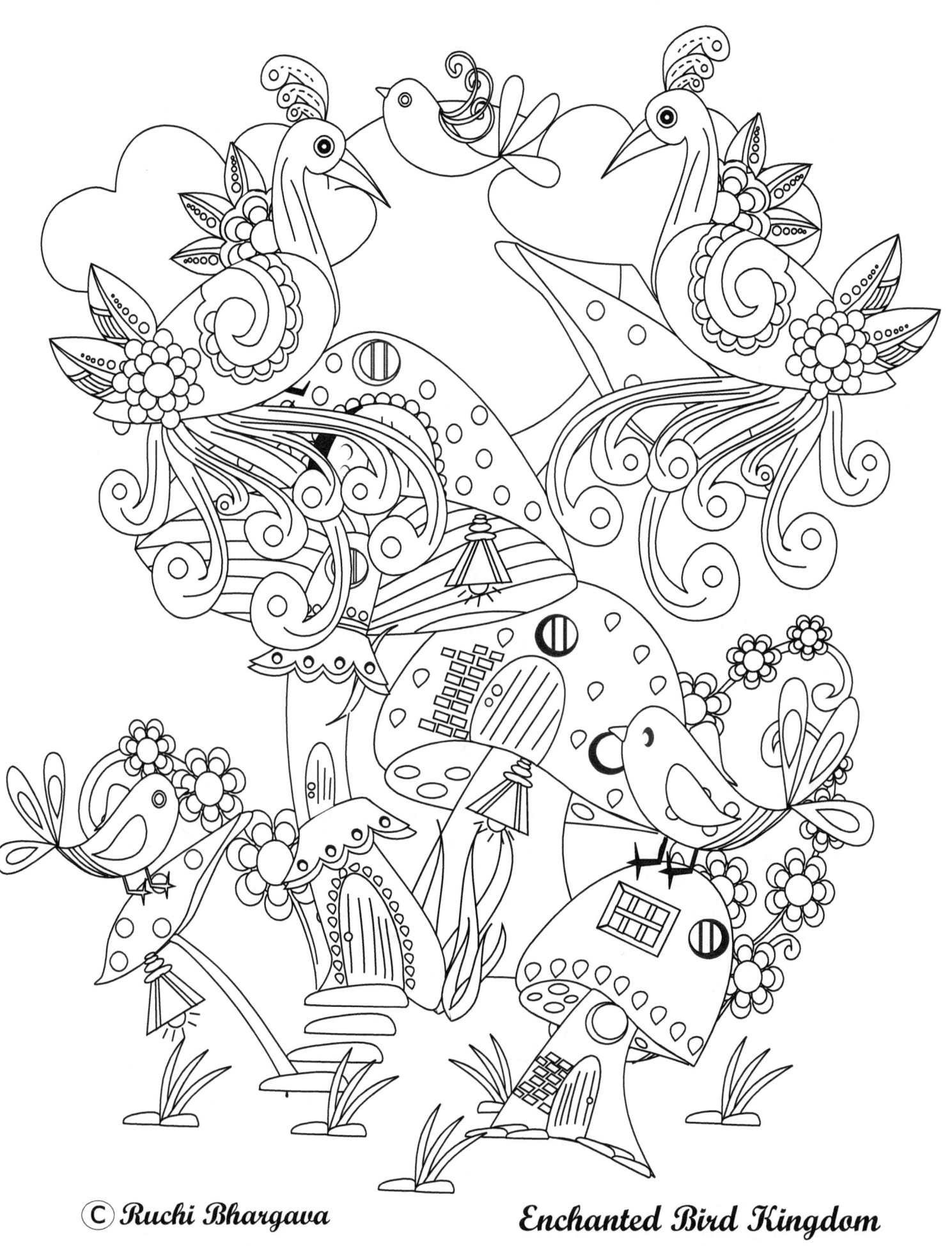

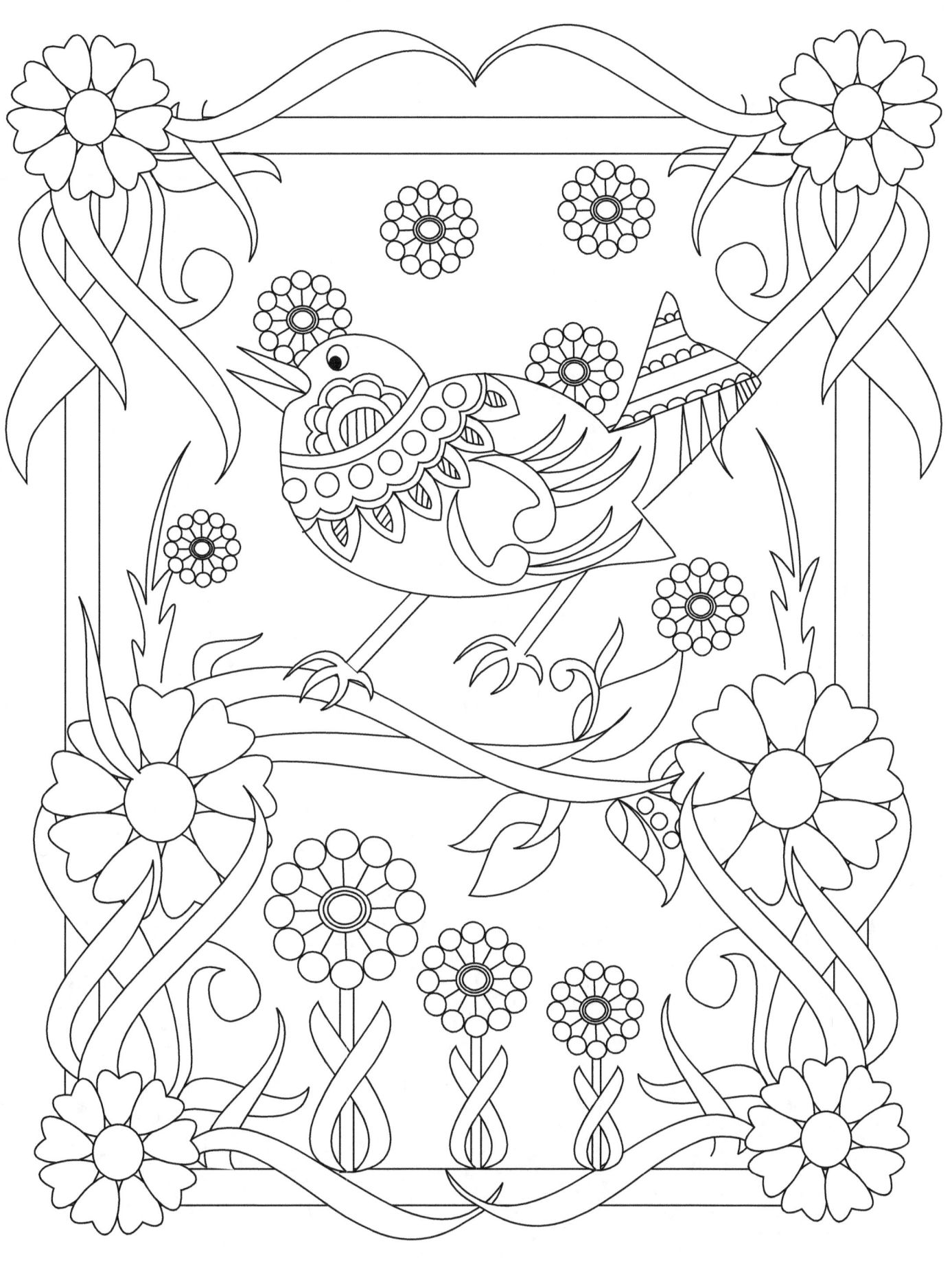

© Ruchi Bhargava Enchanted Bird Kingdom

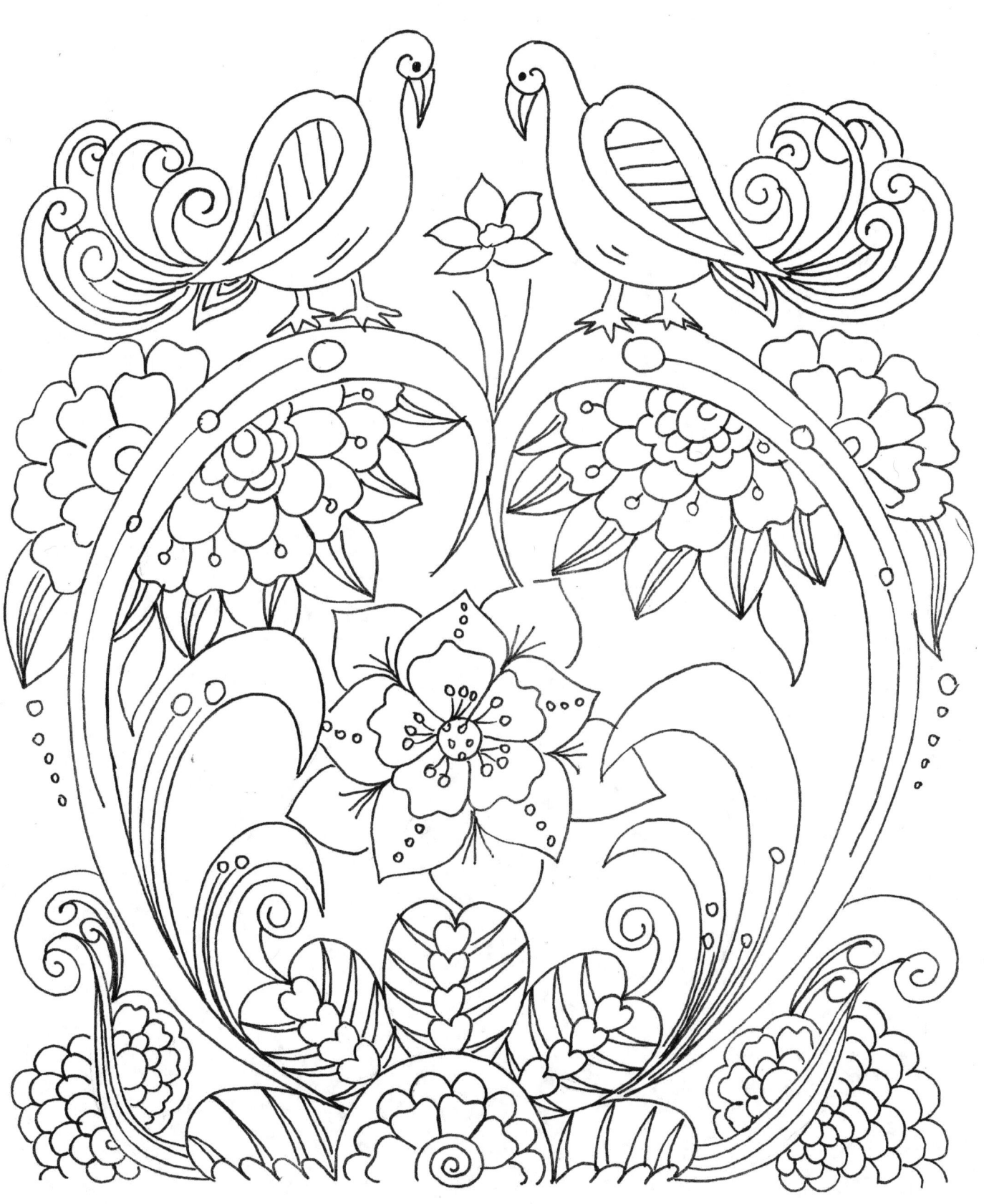

Color test

Color test

www.ingramcontent.com/pod-product-compliance
Lightning Source LLC
Chambersburg PA
CBHW062332220526
45469CB00008B/2690